Hamed Abdel-Samad

Krieg oder Frieden

Hamed Abdel-Samad

Krieg oder Frieden

Die arabische Revolution
und die Zukunft des Westens

Droemer

Besuchen Sie uns im Internet:
www.droemer.de

© 2011 Droemer Verlag
Ein Unternehmen der Droemerschen Verlagsanstalt
Th. Knaur Nachf. GmbH & Co. KG, München
Satz: Adobe InDesign im Verlag
Druck und Bindung: CPI – Ebner & Spiegel, Ulm
Printed in Germany
ISBN 978-3-426-27558-0

5 4 3 2 1

Für alle Frauen und Männer, die ihr Leben oder Augenlicht verloren haben, damit ihr Heimatland in eine bessere Zukunft blicken kann

Für meine Mutter, die mich immer vor Teilnahme an Demonstrationen gewarnt hat und sich dennoch sehr über den Sturz Mubaraks freute

Für meinen jüngeren Bruder, Mahmoud, der bei den Demonstrationen auf dem Tahrir-Platz am Kopf schwer verletzt wurde und Monate danach eine der ersten Fabriken im neuen Ägypten gegründet hat

Inhalt

Als die Welt sich veränderte

Was kann ich über die arabische Revolution schreiben?

Was kann jemand, der von einem Tsunami überrollt wurde, über die Natur der Flut, ihre Entstehung und ihre Folgen schreiben? Wenn ich davon berichte, was ich in Ägypten, Marokko und anderen islamischen Ländern gesehen und erlebt habe, was ich gehört, erfahren, recherchiert habe, so kommt mir meine Schilderung bisweilen vor wie eine riesige Menge von Mosaiksteinen, die sich noch nicht zu einem lückenlosen Bild zusammenfügen lassen.

Weil wir das Wesen auch dieser arabischen Revolution so schnell wie möglich begreifen wollen, neigen wir dazu, sie mit anderen Revolutionen zu vergleichen. Ist sie die Revolution der Hungrigen gegen die dekadenten Monarchen wie die Französische Revolution? Ist sie eine Kettenreaktion bürgerlicher und nationaler Aufstände wie der europäische Frühling von 1848? Ist sie die verspätete 68er-Bewegung gegen die Generation der Väter? Ist sie vielleicht eine arabische Version der iranischen Revolution von 1979? Kommt zunächst der Ruf nach Freiheit, und dann greifen die bärtigen Islamisten nach der Macht? Oder sind die Aufstände des Jahres 2011 eher mit den Umbrüchen in Ost-Mittel- und Osteuropa zwischen 1989 und 1991 zu

vergleichen? Und wenn schon, mit welchem 1989 vergleichen wir: mit der demokratischen Transformation
in Osteuropa oder mit der Stagnation und der Rückkehr der Diktatur im neuen Gewand in den ehemaligen zentralasiatischen sowjetischen Republiken nach
dem Zusammenbruch des Kommunismus? Aus meiner Sicht ist die arabische Revolution eine Mischung
aus all diesen Revolutionen und zugleich anders als
jede von ihnen. Auch davon handelt dieses Buch.

Als meine Maschine Ende Januar 2011 Richtung Kairo
abhob, war die Maschine meiner Frau längst in Osaka
gelandet. Keiner von uns beiden konnte zu diesem
Zeitpunkt ahnen, dass wir bald Zeugen zweier gewaltiger Erschütterungen sein würden, die nicht nur
unsere beiden Heimatländer, sondern die ganze Welt
erzittern lassen würden. Wenige Stunden nach meiner
Ankunft in Kairo am 27. Januar hat das Regime Mubaraks aus Angst vor Großdemonstrationen alle Inter-
net- und Mobilfunkverbindungen gekappt. Es schien,
als wollte der Diktator sein Volk als Geisel nehmen. In
den Tagen danach versuchte meine Frau vergeblich,
mich zu erreichen. Sie war immer in Angst um mich,
gleichgültig wann ich nach Kairo flog, denn sie wusste, dass meine kritischen Bücher, die auch auf Arabisch
erhältlich sind, über den Islam und über das Regime
Mubaraks mich dort in Schwierigkeiten bringen könnten.
      Tagelang demonstrierten wir auf dem Tahrir-Platz
gegen Mubarak und sein Regime. Am 11. Februar
wurde unser Kampf für Freiheit mit dem Abdanken

des Pharaos gekrönt, und ganz Ägypten befand sich im Freudentaumel. Genau einen Monat später, am 11. März, war ich wieder in Kairo, und meine Frau war immer noch in Japan. An diesem Tag schockte das größte Erdbeben der jüngeren Geschichte die Insel, es folgten unmittelbar ein gewaltiger Tsunami und die Atomkatastrophe von Fukushima. Nun war ich es, der vergeblich versuchte, den anderen zu erreichen. Telefonleitungen und Internetverbindungen waren in Japan ausgefallen. Meine ägyptischen Eltern pflegten mich und meine Frau immer vor einem längeren Aufenthalt in Japan zu warnen. Zu gefährlich sei das Land wegen der vielen Erdbeben.

Zwei Wochen später, meine Frau und ich waren heil in Deutschland eingetroffen, erlebten wir hier den Wahlsieg der Grünen in Baden-Württemberg, der das alte bundesrepublikanische Parteiengefüge nicht weniger erschütterte als das Erdbeben Japan. Seither frage ich mich, was die Ereignisse von Kairo, Fukushima und Stuttgart gemeinsam haben. Was sind die Themen, die diese extrem unterschiedlichen Orte verbinden? Sind es Energie, Kommunikation, Informationspolitik, Freiheit und Zukunftsängste?

Wir leben in einer Zeit, in der die globale Tektonik in Bewegung ist. Gesellschaftliche, politische und wirtschaftliche Erschütterungen auf allen Kontinenten. Wir kommen kaum nach mit unserer zerstreuten, meist von Besorgnis geprägten Aufmerksamkeit. Was wir wahrnehmen, ist oft nur der Bruchteil eines Ereignisses, bevor wir uns bald einer anderen dramatischen

Szene in einer anderen Region der Welt zuwenden.
Das Jahr 2011 wird ohne Zweifel als eines der ereignis-
reichsten in die jüngere Geschichte eingehen, ähnlich
wie die Jahre 1968 und 1989. Aber zum ersten Mal stehen nicht Europa oder die USA im Mittelpunkt des
Geschehens, sondern nur am Rande. Noch am Rande!

Viele in Europa haben die Erschütterung des arabischen Erdbebens zwar gespürt, aber die Zeichen, die
von der anderen Seite des Mittelmeers kommen, noch
nicht verstanden und reagieren entweder ängstlich
oder gleichgültig. Bis vor wenigen Monaten beklagten
wir die Ungleichzeitigkeit und die Asymmetrie, die
die Beziehungen zwischen Europa und den arabischen
Staaten bestimmt haben. Fast immer waren die Araber
langsamer und weniger flexibel im Umgang mit den
rasanten Entwicklungen der Welt. Nun erlebten wir,
dass die Araber, die wir gern als Globalisierungsverlie-
rer bezeichnet haben, sich der Instrumente der Globalisierung bedienten, um auf die Höhe der Zeit zu kommen. Während manche Europäer auf Facebook Gruppen mit dem Titel »Facebook sucks« einzurichteten,
um ihre Bedenken über die Datenschutzlücken im
sozialen Netzwerk zum Ausdruck zu bringen oder
um ihre Solidarität mit einem ehemaligen Verteidi-
gungsminister kundzutun, umarmten die jungen Araber die westliche Erfindung dankend und jagten mit
ihrer Hilfe ihre Diktatoren aus dem Amt. Die jungen
Menschen in Ägypten, Tunesien und Syrien betrach-
teten Facebook als Fenster zur Welt und befreiten sich
dadurch vom offiziellen Wissen, das ihnen die herr-

schenden Eliten durch Schulbücher und staatliche
Medien vermittelt haben. Europa reagierte jedoch
langsam und verkrampft auf die letzten Erschütterungen, und viele wollten und wollen anscheinend ihre
alten Araber wiederhaben, wenn nicht mit Bart, Vor-
derladerflinte und Kamel, dann gerne mit Bart, Leo-
pard 2 und einem SUV aus deutscher Produktion.

Der Weg zu den zahlreichen Tahrir-Plätzen in den
arabischen Städten war kein Spaziergang für die Frau-
en und Männer, die gegen die Diktaturen demonstrierten. Sie wurden täglich mit Gummigeschossen,
mit Tränengas, aber auch mit scharfer Munition beschossen. Im Jemen, in Syrien und Libyen haben die
Machthaber mit Kanonen auf sie gefeuert und Kampf-
flugzeuge Bomben auf sie werfen lassen. Jeder, der
nach Freiheit rief, setzte sein Leben aufs Spiel; jeder
wusste, die Schüsse können ihn treffen, und trotzdem
nahm mit der Brutalität der Staatsmacht auch die Ent-
schlossenheit der Demonstranten zu, den Diktator zu
stürzen. Mut und Ausdauer reichen als Erklärung
nicht aus, sondern auch der Durst nach Freiheit und
das Gefühl, dass das, wonach man sich immer gesehnt
hatte, in greifbarer Nähe scheint, spielen eine Rolle.
Diese jungen Frauen und Männer riskierten ihr Leben, nicht um den Märtyrertod zu finden, sondern um
freier und besser zu leben. Zum ersten Mal gingen sie
auf die Straße, nicht um gegen Phantomfeinde und
Sündenböcke, sondern um gegen die wahren Gründe
ihrer Misere zu demonstrieren. Nicht Israel, den USA
oder dem Mohamed-Karikaturisten galt die Wut der
Rebellen, sondern den eigenen Diktaturen. Die de-

monstrierenden Massen skandierten in diesem Frühling des Jahres 2011 nicht wie bislang so oft »Tod Amerika«, sondern »Gerechtigkeit, Würde und Freiheit«.

Viele im Westen scheinen in Bezug auf die Umwälzungen in der Welt kein Risiko eingehen zu wollen. Viele an den Frieden gewöhnte, satte Europäer jenseits der 40 schienen es nicht zu begreifen, dass Freiheit kein Nebenprodukt des Wohlstands ist, sondern ein Zustand, den man nur erreichen und vor allem sichern kann, indem man sich immer und immer wieder darum bemüht. Freiheit kann niemals bedeuten, dass alles beim Alten bleibt, sondern vielmehr, dass man es wagen muss, sich gegen alle Formen der Ausgrenzung, der Bevormundung, der Unterdrückung zu wehren, im äußersten Notfall auch, indem man sein Leben riskiert. Wie reagierte Europa auf die Revolutionen in Nordafrika? Überwiegend mit Sorgen und Angst. Und es ist zwar nicht schön, aber verständlich, dass die dringlichste Sorge der Europäer der Erdölversorgung galt, dann den Flüchtlingsströmen, freilich nicht den Flüchtlingen, die zu Hunderten im Mittelmeer ertranken, und schließlich galt die Sorge dem möglichen Aufstieg des Islamismus.

Aber Angst ist bekanntlich nicht der beste Ratgeber, auch nicht in unruhigen Zeiten. Selbstverständlich bergen die Umbrüche in den arabischen Staaten keine Sicherheit, dass sich dort tatsächlich Demokratie und Freiheit durchsetzen. Ein Erdbeben mag alte Häuser zum Einsturz bringen, garantiert allerdings nicht, dass an ihrer Stelle neue, bessere Häuser entstehen. Aber das Ende der Diktatur ist die Voraussetzung für einen staatlichen und gesellschaftlichen Neuaufbau in der arabischen Welt. Blicken wir auf den Zusammenbruch der Sowjetunion und ihrer Satelliten, so stellen wir fest, dass Osteuropa nur durch die Beseitigung des kommunistischen Erbes und das Wachsen eines neuen Bewusstseins den schwierigen Weg in die Demokratie antreten konnte. Dies schafften die Osteuropäer nicht nur aus eigener Kraft, sondern auch mit massiver Unterstützung des Westens vor, während und nach dem Umbruch. Heute sind einige ehemals kommunistische Staaten Mitglieder der Europäischen Union und wichtige Motoren des wirtschaftlichen Wachstums auf dem alten Kontinent.

Nicht geschafft haben den Weg in die Demokratie Staaten wie Weißrussland, Usbekistan, Tadschikistan und Turkmenistan, die nach dem Ende des Kommunismus in politische Lethargie verfallen sind und kaum neue demokratische Strukturen aufbauen konnten. Bald konnten dort auch die alten Eliten wieder an die Macht kommen, weil das demokratische Bewusstsein in diesen Staaten weder durch Bildung noch durch eine neue, demokratische Wirtschaftspolitik gefördert wurde.

Die arabische Welt kann viel von der europäischen Erfahrung und dem Transformationsprozess lernen. Dafür müssen die Menschen begreifen, dass der Sturz der Diktatur erst der Anfang eines langen Weges ist. Ein demokratisches Bewusstsein kann nur wachsen, wenn die Diktatur auch in den Köpfen, in den Schulen und in den patriarchalischen Familienstrukturen eliminiert wird. Die Revolution gegen alte Rollenbilder, gegen die unversöhnlichen religiösen Denkmuster ist deshalb sogar noch wichtiger als die Entmachtung der Despoten. Das Machtvakuum darf nicht durch eine neue Form der Bevormundung im Namen der Nation oder der Religion gefüllt werden. In Ländern wie Ägypten, Tunesien, Jordanien und Marokko, wo es eine kurze friedliche Revolution oder eine sanfte Reformbewegung gab, ist es möglich, die neugeborene Zivilgesellschaft zu stärken und demokratische Infrastrukturen aufzubauen. Im Jemen und in Libyen, wo sich die Kämpfe in die Länge gezogen und weite Teile der Bevölkerung militarisiert haben, wird es schwierig, Konflikte plötzlich demokratisch zu lösen. Der viel beschworene Kampf der Kulturen, der zwischen Orient und Okzident ablaufen sollte, findet nun innerhalb der arabischen Welt statt – zwischen den Kräften, die Öffnung und Modernisierung anstreben, und jenen, die für Selbstverherrlichung und archaische Weltbilder stehen.

Hier in Europa kann man sich nicht so recht von Herzen freuen über die unerwarteten Entwicklungen in Nordafrika und im Vorderen Orient. Es mag daran liegen, dass viele Europäer mittlerweile des Themas Islam, der unendlichen Debatten über Migration, Integration und islamistischen Terrorismus, müde geworden sind. Viele Europäer, auch ihre Regierungen, schauen in den Rückspiegel und meinen zu sehen, was die Zukunft bringen wird: Fanatismus, Gewalt und Masseneinwanderung. Niemand kann garantieren, dass dieses Szenario nicht eintreten wird. Es ist in der

Tat eine Frage von Krieg oder Frieden. Aber die Konfrontation als die wahrscheinlichste Variante zu sehen, beschleunigt sie und erhöht die Mauer, die ohnehin hoch genug ist. Langfristig kann sich Europa aber weder eine neutrale noch eine skeptische Haltung gegenüber den Entwicklungen jenseits des Mittelmeers leisten. Nur echte, ernstgemeinte Investitionen, nicht bloß Almosen, können Europa vor den Gefahren eines ausufernden Umbruchs in der arabischen Welt schützen und dem alten Kontinent, der so sehr auf Energielieferungen, Absatzmärkte und zunehmend auch auf Arbeitskräfte angewiesen ist, sogar eine neue wirtschaftliche Perspektive bieten.

Was für die Türkei als zu wenig gilt, kann für Länder wie Ägypten, Marokko und Tunesien die Rettung sein: eine privilegierte Partnerschaft mit der EU. Ein umfassender Marshallplan für Nordafrika muss her. Dies sollte mit der aktiven Mitarbeit europäischer Politiker und Geldinstitutionen beginnen, um die geschmuggelten Milliarden der gestürzten Diktatoren in die jeweiligen Länder zurückzuführen. Die Gelder könnten auch über rasch aufgelegte Beschäftigungsprojekte der arbeitslosen Jugend zugutekommen. Langfristig ist eine europäische Hilfe für den Aufbau demokratischer Strukturen unerlässlich. Die Schulung der Polizei, die Neufassung der Lehrpläne und Schulbücher und die Ausbildung von Technikern und Ingenieuren sind nur einige Beispiele. Mit klugen, frühzeitigen und engagierten Investitionen kann Europa nicht nur neue, billige Produktionsstandorte schaffen, um mit China Schritt zu halten, sondern auch beim

Aufbau einer Arbeitermittelschicht in diesen Ländern helfen, die wiederum einen Absatzmarkt für europäische Produkte darstellen könnte.

Angesichts der gigantischen Herausforderungen an die Energiepolitik – nach Fukushima und im Angesicht der Klimakatastrophe – kann eine enge Kooperation im Bereich der Solarenergie beiden Seiten des Mittelmeers eine blühende Zukunft eröffnen. Die eine Seite hat die Sonne, die andere das Know-how. Die eine Seite benötigt saubere Energie, die andere kann diese liefern. Auch Agrartechnologie und Tourismusbranche bergen noch zahlreiche Möglichkeiten für Investitionen. Jeder neu geschaffene Arbeitsplatz ist eine neu geschaffene Zukunft für einen jungen, motivierten Menschen in einem arabischen Land. Kaum jemand, der in seiner Heimat eine Zukunftschance sieht, wird diese gegen eine lebensgefährliche Bootspassage übers Mittelmeer und eine ungewisse Existenz als illegaler Einwanderer oder Asylbewerber eintauschen. Wer einen Arbeitsplatz hat und in seiner Heimat bleibt, kann zur Hebung des Wohlstands und zur Schaffung einer Zivilgesellschaft beitragen.

Und wenn der alte und in seiner Bevölkerung zusehends überalterte Kontinent Europa auf gut ausgebildete Arbeitskräfte zurückgreifen möchte, könnte er diese in den arabischen Ländern anwerben. All dies mag angesichts der Spannungen, die zwischen Europa und der arabischen Welt seit Generationen herrschen, als Phantastereien erscheinen, aber es ist viel realistischer, als man denkt. Es ist so realistisch wie die Notwendigkeit, aus der diese Überlegung hervorgehen, denn die Alternative dazu wird sehr bitter für beide Seiten sein.

Noch nie waren beide Seiten des Mittelmeers so sehr aufeinander angewiesen wie heute. Wenn nämlich die herrschende Asymmetrie und wechselseitige Abneigung nicht abgebaut werden und beide nicht mehr für Versöhnung und Kooperation unternehmen, drohen beide Seiten des Mittelmeers, Europa und die arabischen Staaten, zu scheitern. Der alte Kontinent wird an seine demographischen und wirtschaftlichen Grenzen stoßen und implodieren, und die arabische Welt wird, sollte der Umbruch nicht in Demokratie und Wohlstand münden, nicht nur zu Lethargie und Selbstzerfleischung zurückkehren, sondern förmlich explodieren. Das Erwachsenwerden von jungen, frustrierten Massen ohne Perspektiven kann in Wellen der Gewalt münden, die politisch nicht mehr zu kontrollieren sind.

Man sollte sich jedoch davor hüten, Europa im Namen der Gefahren, die entstehen könnten, zu erpressen, um mehr Hilfe für Nordafrika bereitzustellen. Denn diese Hilfe soll nicht in der Form von Almosen oder Schutzgeld erfolgen, sondern als eine langfristige Investition, die auch der europäischen Wirtschaft lebenswichtige Perspektiven eröffnen könnte.

Die arabische Revolution birgt nicht nur für die Menschen in Nordafrika und im Nahen Osten, sondern auch für den Westen, zumal für Europa, grundsätzlich zwei Optionen: eine Chance und eine Gefahr. Für die europäischen Staaten kommt es nun darauf an, ob, wie und wann sie das Richtige tun: Verharrt man

weiter in einer Haltung, die wohl mit Lippenbekennt-
nissen die Partei der Demonstranten ergreift, aber
weiterhin mit den alten Eliten Geschäfte macht und
ihnen sogar Waffen liefert, oder stellt man sich auf die
Seite der Demokraten und unterstützt sie dabei, zivile
Strukturen zu schaffen? Beendet Europa die ökono-
mische Apartheid und betreibt endlich fairen Handel
mit Nordafrika, oder setzt es nach wie vor auf eine
fragwürdige Wirtschafts- und Energiepolitik? Nimmt
Europa Abstand von Waffengeschäften mit Diktatoren und dubiosen Vereinbarungen mit Warlords?
Wechselt Europa in die Facebook-Diplomatie, oder
bleibt es im Öl-Zeitalter stecken? Das sind die zentralen Fragen, die Deutschland und seine Nachbarländer
gemeinsam beantworten müssen.

Aber die arabischen Staaten sind nicht nur Gegenstand der Geschichte, ihre Menschen haben bewiesen,
dass sie Geschichte schreiben können. Deshalb ist es
an ihnen, diese Herausforderungen mit Blick auf eine
offene, chancenreiche Zukunft zu beantworten: Schaffen es die Araber, sich von den alten Identitätsmustern
und der Erziehung zu Hass und Selbstverherrlichung
zu lösen? Gibt man seine alten Feindbilder zugunsten
einer auf Respekt und gegenseitigem Interesse basie-
renden Partnerschaft auf? Ebnet man den Frauen einen Weg in die Mitte der Gesellschaft, damit sie dort
als gleichberechtigte Bürgerinnen ein selbstbestimm-
tes Leben führen können?

Wenn sich Europa nicht als zu alt und unflexibel
und die arabische Welt nicht als zu stur und dogma-
tisch erweisen, dann darf man hoffen!

Meine arabische Revolution

Es ist Freitag, der 28. Januar. Bis 13:30 Uhr war es ein Freitag wie jeder andere in Kairo. Was danach kam, ist Geschichte. 300 Meter trennen uns vom Tahrir-Platz. Die längsten 300 Meter der Welt. Unzählige Demonstranten sind um mich. Wir rufen: »Das Volk will das Regime stürzen«, und drängen in Richtung des Platzes der Befreiung, des Tahrir-Platzes im Herzen der Stadt. Vor uns eine Phalanx von Sicherheitssoldaten, die schwarz gekleidet sind. Ausgerüstet mit Helmen, Gasmasken, Schlagstöcken und Schusswaffen versuchen sie, uns zurückzudrängen. Ununterbrochen feuern sie Tränengasgranaten und Gummigeschosse auf uns ab. Schlägerbanden in Zivil lauern uns in den Nebenstraßen des Tahrir-Platzes auf.

Was mache ich hier? Ich bin kein Straßenkämpfer.

Was ist meine Funktion? Ich weiß es nicht.

Meine Rolle ist vermutlich die gleiche Rolle wie die der meisten anderen Demonstranten. Wie diese unzähligen, meist jungen ägyptischen Frauen und Männer bin ich vor allem gekommen, um die Zahl der Demonstranten um eine Person zu vergrößern. Mehr nicht. Wir wollen mehr werden. Eine wachsende Menge. Eine kritische Masse. Wie alle anderen habe ich ein einziges Ziel: Freiheit für mein Land.

Der Rauch liegt schwer in der Luft, Schüsse peit-

schen, die Schreie der Verletzten gellen, aber immer
wieder übertönt der gemeinsame Schrei nach dem
Sturz des Regimes alles andere. Uns treibt die Hoffnung weiter, dass heute ein entscheidender Tag in der
Geschichte Ägyptens sein wird.

Als ich die Flugtickets von Berlin nach Kairo buchte,
wusste ich nicht, dass ich Teil einer Revolution sein
werde. Ich hielt die ganze Geschichte für einen Witz.
Das erste Mal las ich auf Facebook von der geplanten
Revolution. Ich kam in der zweiten Januarwoche von
einer Reise zurück und sah, dass viele meiner ägyptischen Freunde ihre Facebook-Profilbilder geändert
hatten. Dort sah man nun eine tunesische Flagge, auf
der stand: »Die Antwort lautet Tunesien.« Ich hielt es
anfangs für ein neues Spiel, doch einige Freunde,
ernsthafte Intellektuelle, hatten den gleichen Status.
Ich wechselte zu der Seite von »We are Khalid Said«,
wo ich seit mehreren Monaten Mitglied bin. Die Seite
wurde gegründet, um gegen die Ermordung des jungen Bloggers Khalid Said durch zwei Polizisten in
Alexandria im Sommer 2010 zu protestieren. Obwohl
die Gründer dieser Seite anonym blieben, hatte sie bereits nach wenigen Wochen mehrere hunderttausend
Anhänger. Der geheimnisvolle Administrator der Seite prangerte die Gewalt der Polizei in Ägypten an und
rief zu friedlichen Demonstrationen gegen das Innenministerium auf. Nachdem mein letztes Buch, »Der
Untergang der islamischen Welt«, im Oktober 2010 in
Ägypten erschienen war, empfahl mir ein Freund, dem
meine Thesen zu düster schienen, die Seite von Khalid

Said zu besichtigen, und sagte: »Glaub mir, in Ägypten bewegt sich was!« Ich war schon seit dem Sommer Mitglied dieser Seite, besuchte sie aber nicht regelmäßig. Ehrlich gesagt hielt ich nicht viel von ihr, obwohl ich bereits in meinem letzten Buch über Facebook geschrieben hatte, diese Internetplattform sei der größte Häretiker und der größte Demokrat der islamischen Welt, weil sie das Wissensmonopol des Staates gebrochen und die Informationen für alle zugänglich gemacht hatte. Schon wenige Monate nach der Gründung des Online-Netzwerkes hatte Ägypten die meisten Nutzer nach den USA. Vor allem nach der Einführung der arabischen Version von Facebook 2009 stieg die Zahl der ägyptischen Nutzer rapide an.

Überall in den islamischen Staaten sind viele junge Menschen internetsüchtig. Sie chatten über Religion und Politik, schauen Pornos, hören sich die Musik von Beyoncé, aber auch die Botschaften von Osama Bin Laden an. Ich hatte im »Untergang der islamischen Welt« von Bloggern und Internetaktivisten berichtet, die die Macht des Regimes in Frage stellten und seine kriminellen Methoden ans Licht brachten. Aber die Seite von Khalid Said erschien mir als zu pubertär. Gelegentlich verfolgte ich die Diskussionen, doch mir schien, dass sowohl der Administrator als auch die meisten Diskutanten eher naiv seien und kaum politisches Bewusstsein besaßen. Meist drehte sich der Austausch um die Frage, wie am besten gegen die Willkür der Polizei zu protestieren sei. Manche schlugen vor, auf Banknoten »Nein zu Folter« zu schreiben, damit die Botschaft mehr Menschen errei-

chen könnte. Andere wollten an Polizisten Facebook-
Meldungen senden, um sie zu einem gewaltlosen Umgang mit Zivilisten aufzufordern. Der Administrator,
der sich offensichtlich in allen Internettricks auskennt,
machte 200 Accounts von ägyptischen Polizisten aus-
findig und stellte sie den Hunderttausenden Mitgliedern der Seite zur Verfügung. In der Folge entwickelte
sich eine üble Schlammschlacht im Netz mit Beschimpfungen und Drohungen.

Auch die Form der früheren Demonstrationen, wor-
auf sich die Teilnehmer der Seite verständigten, mutete
mich seltsam an. Junge Frauen und Männer trugen
einheitlich schwarze T-Shirts, hielten einen Koran und
eine Bibel in der Hand und stellten sich nebeneinander
an der Promenade in Alexandria auf, das Gesicht dem
Mittelmeer, den Rücken der Straße zugewandt, ohne
Plakate und ohne zu sagen, wogegen sie demonstrierten oder wofür sie standen. Es sind nur ein paar Teen-
ager, die sich im Netz ihre Zeit vertreiben, dachte ich.
Ein großer Irrtum, wie sich später herausstellte. Die
Proteste galten immer nur der Gewalt der Polizei, es
ging nicht um die Wahlfälschung, nicht um die kor-
rupte Nationalpartei, nicht um Mubaraks Alleinherrschaft und seine Pläne, seinem Sohn die Macht zu
übergeben. Der Betreiber der Seite öffnete sie keinem
anderen Thema außer dem der Polizei – eine kluge
Taktik?

Um den mysteriösen Satz, »Die Antwort lautet Tunesien«, zu verstehen, besuchte ich die Seite von Khalid Said und erfuhr dort von den Demonstrationen in
Tunesien, die durch die Selbstverbrennung eines jun-

gen Gemüsehändlers namens Bouazizi entfesselt worden waren. Die ägyptische Internetgemeinde zog Vergleiche zwischen der Geschichte von Bouazizi und der von Khalid Said und diskutierte mit zunehmendem Engagement die Frage, warum es eine Revolution in Tunesien, aber keine in Ägypten gebe, obwohl am Nil die herrschende Ungerechtigkeit und die Willkür der Polizei gravierender seien. Die gleiche Diskussion war bereits vor anderthalb Jahren geführt worden, als im Iran die grüne Revolution gegen Ahmadinedschad ausgebrochen war. Auch ich habe damals in einer ägyptischen Zeitung einen Artikel veröffentlicht mit dem Titel »Warum gibt es eine Revolution in Iran, aber keine in Ägypten?«. Die Antwort auf diese Frage kannte fast jeder in meinem Heimatland. Die Ägypter sind viel zu herrschaftstreu und viel zu geduldig, oder wie es ein Charakter aus einem modernen ägyptischen Film schön beschrieb: Die gesamte ägyptische Bevölkerung hält sich an der Hand der Regierung fest, wie sich ein kleines Kind an der Hand seiner Mutter festhält, auch wenn diese Mutter unmoralisch ist.

Anders als in Tunesien konnte in Ägypten jeder die Regierung und gelegentlich sogar Mubarak selbst in den Medien kritisieren. Korruption und Ungerechtigkeit waren in den letzten Jahren die beliebtesten Themen in den Medien, aber die Thematisierung dieser Probleme führte eigentlich zu keiner sichtbaren Veränderung der politischen und sozialen Realität. Mubarak und sein Regime ließen die Kritik als Ventil für die frustrierte Bevölkerung zu, getreu dem auch in Deutschland bekannten Motto: Die Hunde bellen,

doch die Karawane zieht weiter. Beide, Herrscher und
Untertanen, gingen davon aus, dass die Ägypter niemals aufstehen würden, ganz gleich, was passierte.
Dies führte dazu, dass die regierende Nationalpartei
die Parlamentswahlen im November 2010 in einer of-
fensichtlichen und dreisten Art und Weise fälschte
und sich mehr als 95 Prozent aller Sitze sicherte. Wahlfälschung sei nicht die geeignete Bezeichnung dafür,
meinte Ägyptens berühmtester Schriftsteller Alaa Al-
Aswani, denn Fälschung ist eine Kunst, eine kluge
Täuschung, aber das, was geschah, war ein bewaffne-
ter Diebstahl gewesen, den jeder hatte sehen können.
Oppositionelle waren durch Schlägerbanden der Nationalpartei daran gehindert worden, zu den Wahllokalen zu gelangen, andere Wahllokale waren in Brand
gesetzt worden, und Beamte hatten die Wahlzettel vor
laufender Kamera zugunsten der regierenden Partei
ausgefüllt. Danach schien es, als sei es das Schicksal
Ägyptens, dass die Sphinx über die Wüste herrschte
und die Mubarak-Dynastie über den Nil.

Doch die Umwälzungen in Tunesien haben all denen von uns, die hoffnungsfroh oder zähneknirschend
an die Unveränderlichkeit der Zustände in Ägypten
glaubten, einen Strich durch die Rechnung gemacht.
Besonders nachdem Tunesiens Präsident Ben Ali das
Land fluchtartig verlassen musste, spürten viele Ägypter einen Hauch von Hoffnung, aber doch auch eine
kleine Kränkung, denn die stolzen Ägypter waren ein
wenig verstimmt, dass die Veränderung im kleinen Tunesien und nicht im bevölkerungsreichsten arabischen
Land, in Ägypten, losging. Immerhin waren die wich-

tigsten Entscheidungen der arabischen Geschichte in den letzten Jahrzehnten immer in Kairo getroffen worden. Die Araber nannten Ägypten nicht nur »die große Schwester«, sondern »die Mutter der Welt«. Einige bezeichnen das Land am Nil seit geraumer Zeit allerdings als »die Großmutter der Welt«, da es zunehmend an politischer und wirtschaftlicher Bedeutung in der Region verlor und reichen Ölstaaten wie Saudi-Arabien oder sogar kleinen Emiraten wie Katar hatte weichen müssen.

»Die Tunesier sind nicht besser als wir«, schrieben einige auf den unterschiedlichsten Internetplattformen. Und auch die Khalid-Said-Seite wurde plötzlich extrem politisiert. Auf einmal war die Rede nicht mehr von einer Demonstration, sondern von einer Revolution. Ein Poster wurde entworfen, und auf vielen Seiten wurden Ideen gesammelt. Noch politischer war immer die Seite der Gruppe 6. April, die schon 2008 zum ersten Generalstreik in Ägypten aufgerufen hatte. Dort übernahm der Administrator den Aufruf zur Rebellion. In den Foren wurde heftig über den Ablauf und die Ziele der Proteste diskutiert, man dachte an einen Anti-Polizei-Marsch am Tag der Polizei, dem 25. Januar. Einige schlugen den 28. Januar vor, da an einem arbeitsfreien Freitag mehr Demonstranten zu mobilisieren seien. Bald einigte man sich, am 25. Januar gegen die Polizei zu demonstrieren und den Feiertag drei Tage später zu einem »Freitag des Zorns« zu ernennen. Noch war vom Sturz des Diktators keine Rede. Brot, Freiheit und Menschenwürde wurden als zentrale Forderungen formuliert. Ich konnte trotzdem das Gefühl nicht loswerden, dass es sich hier um ein paar Jugendliche handelt, die im Netz Revolution spielen. Trotzdem war erkennbar, dass das Regime nervös wurde. Am 15. Januar stand in der Regierungszeitung »Akhbar Al-Youm« diese Schlagzeile: »Präsident Ben Ali verlässt Tunesien. Ziel unbekannt«. Und darunter, wesentlich größer: »Ägypten steigt auf. Internationale Experten bestätigen: Mubarak erzielte für die Ägypter die höchste Wachstumsrate.« Mehrere ägyptische Politiker betonten aufgeregt, dass weder Ägypten mit Tunesien noch Ben Ali mit Mubarak zu vergleichen seien. Eine Armee von regierungsfreundlichen Internetaktivisten überflutete die Seiten, die zur Revolution aufriefen, mit demotivierenden Kommentaren wie »Träumt weiter«, »Nichts könnt ihr erreichen«. Andere warnten vor schweren Unruhen, Krawallen und Zerstörungen.

Ich hatte ohnehin beabsichtigt, im Februar nach Ägypten zu reisen, weil ich für ein neues Buch recherchierte. Doch als ich von der geplanten Revolution hörte, wollte ich dabei sein – obwohl ich es nach wie vor für einen Scherz hielt. Ein Scherz auch deswegen, weil man nicht nur den Tag, sondern auch die Uhrzeit des Revolutionsbeginns festgelegt hatte. Am 25. Januar sollte es um Punkt 14 Uhr losgehen. Für einen Scherz hielt ich es also nicht nur, weil die Ägypter nicht gerade für ihre Pünktlichkeit bekannt sind, sondern auch, weil man eine Revolution nicht im Voraus ankündigt, und in einem Polizeistaat schon gar nicht. Dachte ich zumindest. Aber was wusste ich schon von

Revolutionen? Denn sollte etwas in Ägypten noch effizient funktionieren, so waren es die Sicherheitsapparate. Für den 25. Januar konnte ich allerdings keinen direkten Flug bekommen. Ich flog deshalb über Istanbul nach Kairo und traf am Mittag des 27. Januar ein.

Nun lande ich also in Kairo mit meinem deutschen Pass. Als gebürtiger Ägypter brauche ich kein Visum. Ich bin hier geboren und groß geworden. Ein Beamter nimmt mich am Flughafen unter die Lupe. »Sind Sie Schriftsteller?« Er weiß Bescheid. Was ich in Ägypten wolle, fragt er. Diesmal scheint das Regime besonders misstrauisch zu sein. Seit zwei Tagen wird bereits gegen das Regime protestiert, doch die Demonstranten werden schon am ersten Tag mit Tränengas und Wasserwerfern vom Tahrir-Platz vertrieben. Seitdem gab es nur sporadische Proteste. Auf den Straßen nehme ich nichts Ungewöhnliches wahr, das Leben scheint seinen normalen Gang zu gehen. Wo ist die Revolution? Bin ich zu spät gekommen? Meine Befürchtungen scheinen sich zu bestätigen. Die Ägypter gehen in Scharen auf die Straße, wenn es um einen äußeren Feind geht, aber eben nicht für die eigene Sache. Bisher haben in Ägypten, vor allem in Kairo, immer dieselben linken Intellektuellen gegen die Herrschaft von Mubarak oder die Muslimbrüder gegen die Inhaftierung ihrer Führungskräfte demonstriert. Mehr als 200, 400 Leute waren eigentlich selten auf der Straße. Zu großen Demonstrationen kam es in Ägypten nur, wenn es um Proteste gegen den Westen ging. Zum Beispiel, nachdem die Ägypterin Marwa El-Sherbini im Sommer 2009 von einem verrückten Russlanddeut-

schen in Dresden ermordet worden war. Und natürlich gab es gewaltige Demonstrationen gegen die Mohamed-Karikaturen. Aber vorgestern sollen mehr als
20 000 Demonstranten auf dem Tahrir-Platz gewesen
sein. Wo sind sie heute? Meine Landsleute haben einfach keinen langen Atem, denke ich. Doch abends
treffen Nachrichten aus der Hafenstadt Suez ein. Dort
soll es zu Großdemonstrationen und zahlreichen To-
desopfern gekommen sein. Morgen ist der »Freitag
des Zorns«. Vielleicht wagen sich wieder ein paar tausend in Kairo auf die Straße.

Freitag, der 28. Januar 2011

Ich wohne in einem netten Hotel in der Innenstadt
von Kairo. Nachmittags wollen sich die Demonstranten alle auf dem zentralen Tahrir-Platz treffen. Der
Ort wird seit Tagen über Twitter und Facebook gepostet – das hat sich auch auf den Straßen herumge-
sprochen, wie ich zwischenzeitlich bemerkt habe. Das
Internet spielt in diesen Tagen eine große Rolle, immerhin 20 Prozent der Ägypter haben Zugang zum
Netz, die anderen werden mündlich informiert. Doch
seit gestern Abend funktioniert das Internet nicht
mehr.

Wir sehen uns schon am Vormittag den Tahrir-Platz
an, bevor er von den Sicherheitskräften abgeriegelt
wird. Wir, das ist eine Gruppe von ägyptischen Dich-
tern, Schriftstellern und Intellektuellen, die ich auf

meinen Lesungen kennengelernt habe. Schon unterwegs fallen uns die vielen Sicherheitsleute und Poli-
zeifahrzeuge auf. Ich habe noch nie so viele Polizisten
auf einem Haufen gesehen. Mitten in diesem uniformierten Getümmel fällt mein Blick auf einen Polizeioffizier, der seine Truppe auf den Einsatz vorbereitet.
Er will sie aufmuntern. Die Art und Weise, wie er redet, erinnert mich an den Ton, den ich in der Muslimbrüderschaft in meiner Jugend erlebt habe. »Keine
Angst. Es kann sein, dass wir auf viele Demonstranten
treffen werden. Aber Allah sagt im Koran: Es kommt
oft vor, dass eine kleine Gruppe eine große Gruppe
besiegt.«

Da wird mir klar, dass ich gerade Zeuge einer
Zeitenwende werde. Die Polizei sieht sich als Minderheit! Sie hat Angst vor den Massen. Das habe ich vorher nie erlebt. Die meisten Sicherheitssoldaten stammen aus dem Süden Ägyptens oder aus dem ländli-
chen Nildelta. Meist sind es Söhne aus Bauernfamilien,
die nicht viel von der Welt wissen. Sie sind ungebildet
und naiv, nur für die Unterdrückung von Unruhen
und Demonstrationen ausgebildet. Die Polizei verpasst ihnen eine Gehirnwäsche. Wenn sie den Befehl
bekommen zu prügeln, dann prügeln sie eben und
gehen davon aus, dass sie gegen die Feinde der Heimat
kämpfen.

Ein verbreiteter Witz über die Rekrutierungsme-
thode der Polizei geht so: Wenn man die Soldaten in
einem Dorf einzieht, versammelt man alle jungen
Männer auf dem Platz. Der Offizier sagt: Wer schreiben und lesen kann, soll nach links gehen, wer es nicht

kann, nach rechts. Wer in der Mitte stehen bleibt, wer also die Frage nicht verstanden hat, wird Sicherheitssoldat.

Andere Soldaten, die einer anderen Einheit angehörten, stehen abseits und frühstücken. Ich begrüßte sie mit den Worten »Friede sei mit euch«, eine Gewohnheit aus meiner Studentenzeit in Kairo, als ich selbst ein ortsfremder Student aus der Provinz war. Mir taten sie immer leid, als ich sie vor offiziellen Gebäuden sah, wo sie stundenlang in der sengenden Hitze oder nachts in der Kälte wie Statuen standen. Kaum jemand nahm sie wahr, kaum jemand unterhielt sich mit ihnen. Immer begrüßte ich sie, und immer grüßten sie freundlich zurück. Auch die, die sich am Tahrir-Platz auf den Einsatz vorbereiten, erwidern meinen Gruß freundlich. Sie ahnen nicht, dass ich in wenigen Stunden zu den Feinden der Heimat gehöre, die sie verprügeln müssen.

Wir haben uns auf diesen Tag vorbereitet, wieder mit Hilfe von Facebook. Die tunesischen Protestler haben uns erklärt, was man gegen Tränengas tun kann: eine Flasche Essig, eine Zwiebel, eine Flasche Coca-Cola und ein Halstuch. Mit diesen Utensilien strömen unzählige Frauen und Männer in Richtung Tahrir-Platz. Wenn die Polizei Tränengas abfeuert, sollen wir uns das essiggetränkte Halstuch vor Mund und Nase halten, dann beißt der Qualm nicht so schlimm. Und wenn das nicht reicht, verschärft eine Zwiebel die Wirkung des Essigs. Die Augen soll man sich nie mit Wasser auswaschen, wenn man in den ätzenden Nebel gerät, sondern nur mit Coca-Cola. Ich ahne mittags noch nicht, wie wertvoll diese Tipps am Ende des Tages sein werden.

Mittels Facebook haben wir uns über die Regeln des Protests verständigt: Wir bleiben friedlich. Wir benutzen keine sektiererischen oder parteipolitischen Parolen oder Plakate. Auch die Oppositionsparteien dürfen ihre Fahnen und Parolen nicht verwenden. »Es ist doch keine Hochzeit auf dem Land, wo jeder Gast nach dem Mikrophon greift, um den Bräutigam persönlich zu begrüßen. Man braucht nur die ägyptische Flagge und die ägyptische Nationalhymne, mehr nicht«, schrieb die Bloggerin Nawara Negm einige Tage vor den Protesten auf ihrem Blog.

Die Muslimbrüder haben einen Rückzieher am Tag vor der Revolution gemacht und kündigten an, nicht daran teilnehmen zu wollen. Sie scheinen einen Deal mit dem Regime geschlossen zu haben, den Protesten fernzubleiben und dafür Privilegien zu erhalten. Neu ist das nicht. Allerdings sind dann einige von ihnen am Abend des 28. Januar doch dabei, als sie gemerkt haben, dass es sich um eine tatsächliche Revolution handelt. Auch diese Demonstranten dürfen keine religiösen Symbole tragen. Alles soll zivil bleiben. Alles soll demokratisch ablaufen.

Am Mittag hält sich meine Gruppe einige Zeit in einer Nebenstraße bei meinem Verleger versteckt. Wir warten auf das Ende des Freitagsgebets und hoffen, dass dann viele zum Tahrir-Platz strömen und wir uns der Menge anschließen können. Direkt unter dem Haus hat sich eine Polizeitruppe vor einer schier unüberwindbaren Barrikade aufgestellt. In Kleingrup-

pen wollen wir zum Tahrir-Platz aufbrechen, werden
jedoch schon vor der Haustür von den Polizisten auf-
gehalten und müssen nun in die andere Richtung aus-
weichen. Bis zu diesem Moment hatte ich keine Ahnung, wie viele wir werden würden. Als ich aber den
Talaat-Harb-Platz erreiche, verschlägt es mir die Sprache. Hier sind nicht Hunderte wie früher, auch nicht
Tausende. Ganz Kairo scheint auf den Beinen. Wir
sind zu Hunderttausenden! »So viele Polizisten gibt es
in ganz Ägypten nicht, um uns aufzuhalten«, sagt eine
junge Demonstrantin, die heftig mit einem Polizisten
debattiert und sich über die Barrikaden aufregt.

Auch Ende Januar 2010, genau ein Jahr vor dem Ausbruch der Revolution, war ich in Kairo zu Besuch. Mit
dem gleichen Freund, der mir übrigens auch die Seite
von Khalid Said empfohlen hat, verfolgte ich in einem
Kairoer Café nahe dem Tahrir-Platz das Finale der
Afrikameisterschaft im Fußball, in dem Ägypten gegen Ghana gewann. Nach dem Spiel strömten Millionen von jungen Ägyptern auf die Straßen und jubelten
bis in den Morgen. Alle gesellschaftlichen Regeln
schienen für eine Nacht aufgehoben. Frauen durften
nicht nur allein über Nacht wegbleiben, sondern tanzten auf offener Straße. Manche von ihnen nahmen sogar ihre Kopftücher ab und schwenkten sie. Man sah
in ihren Augen den Wunsch nach Freiheit und die
Sehnsucht danach, Teil von etwas Schönem zu sein.
Ich sah die glücklichen Gesichter der jungen Menschen und dachte, diejenigen, die die Pyramiden gebaut haben, müssen auch enthusiastische Ägypter ge-

wesen sein, so wie diese, die ihr Land lieben. Dann fragte ich mich, was schiefgelaufen war? Warum gingen sie auf die Straße, um zu jubeln, aber nicht, um für ihre Rechte zu kämpfen?

Mein Freund meinte, diese Massen kennen jetzt den Weg zur Straße und es sei eine gute Übung für den Tag X. Ich nannte ihn einen Phantasten. Überhaupt hielt ich die Diktatur nicht für das größte Leiden der Ägypter, sondern für das Symptom einer Erkrankung, die tief in der Mentalität wurzelt. Ist es wirklich nur die Diktatur des Systems, die ihnen im Wege steht, oder liegt es womöglich an der dicken Lehmschicht, die ihre Wahrnehmung und ihren Verstand umhüllt? Lange diskutierte ich an diesem Tag mit meinem Freund darüber, ob das Ei zuerst da war oder das Huhn. Ich meinte, es sind die Kultur, die Religion und die Familienstrukturen, die den Diktator hervorgebracht haben; mein Freund ging davon aus, dass es die Ungerechtigkeit in der Welt ist, die die Diktaturen begünstigen, und diese vernichten die Bildungssysteme, um eine kritische Mittelschicht zu verhindern, die ihre absolute Macht in Frage stellen könnte. Er meinte, alle modernen Diktaturen seien Produkte des Kalten Krieges, und verwies auf Nordkorea, die DDR und Kuba. Der Unterschied zwischen Nord- und Südkorea und zwischen Ost- und Westdeutschland sei nicht die Mentalität gewesen, denn es handelte sich um das gleiche Volk. Es seien die Strukturen und Interessen der Großmächte, die die eine Hälfte eines Landes in eine Demokratie und die andere Hälfte in eine Diktatur verwandelt hatten. Ich schüttelte den Kopf und meinte, dies sei mir zu einfach, und verwies auf Taiwan, das sich trotz der Brutalität der Japaner während der Besatzung und trotz des Konflikts mit China aus eigener Kraft zur Demokratie entwickelt hatte.

Und dennoch bin ich an diesem 28. Januar 2011 auf den Straßen Kairos unterwegs, nicht um die Masse über die eigenen Versäumnisse aufzuklären, sondern um mit ihr zu verschmelzen, um gegen den Diktator zu demonstrieren. Mein Freund musste bei seiner Frau und den Kindern bleiben. Dafür ist mein jüngerer Bruder an meiner Seite. Auch er dachte bis vor einigen Jahren nicht im Traum daran, gegen das Regime zu demonstrieren, nicht nur weil er drei Kinder hat, sondern weil er Armeeoffizier war. Er pflegte zu sagen: »Ich bin im Schoß des Staates erzogen worden und darf mich deshalb gegen diesen Staat nicht auflehnen.« Tatsächlich hatte er seit seinem zwölften Lebensjahr eine Militärschule besucht und nach seinem Abschluss in der Telekommunikationsabteilung der Armee gearbeitet, die eng mit dem Geheimdienst kooperierte. Aber dieser Staat, dem mein Bruder immer treu gedient hatte, verstieß ihn, als bekannt wurde, dass sein älterer Bruder, also ich, eine Frau geheiratet hatte, die halb Japanerin, halb Dänin war. Und in Dänemark waren die Mohamed-Karikaturen zuerst erschienen. Das war der einzige Grund, warum mein Bruder seinen Job verlor und aus der Armee entlassen wurde, denn in den Augen des Staates gefährdete meine Ehe seine Loyalität dem Regime gegenüber. Aber das ist nicht der einzige Grund, warum er sich der Demonstration anschloss. Wie die meisten Väter, die zum Tahrir-Platz drängen, hofft er darauf, dass seine Kinder in einem besseren Ägypten aufwachsen werden.

Der Tahrir-Platz ist nun in Sichtweite, aber uns trennen mehrere Polizeisperren von ihm. Der zentrale Platz, an dem die wichtigsten Einrichtungen des Staates liegen, ähnelt einer Militärbasis, die von den uniformierten Staatsdienern hermetisch abgeriegelt wird. Unsere Taktik ist zunächst, die Sicherheitskräfte aufzusplittern, indem wir uns in kleine Gruppen aufteilen und in den Gassen des Zentrums hin und her laufen. Bis 15 Uhr sind alle Straßen, die zum Platz führen, voller Demonstranten. Die meisten von ihnen demonstrieren zum ersten Mal und haben weder mit den linken Aktivisten noch mit den islamistischen Muslimbrüdern etwas zu tun. Die Leute rufen: »Das Volk will das Regime stürzen.« In der Tat, es ist das Volk. Ganz Ägypten ist auf den Beinen, Männer und Frauen, Jugendliche und Alte, Arme und Reiche. Die meisten von ihnen sind gut gekleidet und sehen nicht aus, als würden sie gleich verhungern. Hier ist die neue kritische Masse des Landes. Ich könnte jeden von ihnen umarmen!

Dann wird es plötzlich ungemütlich. Polizisten stürmen uns entgegen und verschießen ununterbrochen Gummigeschosse und Tränengasgranaten. Nicht Dutzende, Hunderte, es scheinen Tausende Granaten zu sein, so dicht ist der Nebel. Später merken wir, dass die Polizei ihren Nachschub an Tränengas mit Ambulanzwagen transportiert. Erst als wir Demonstranten den Trick erkennen und die Ambulanzwagen stoppen, hört der Beschuss kurzfristig auf.

Bis dahin husten fast alle, haben offenbar eine Rauchvergiftung. Schlägerbanden in Zivil verfolgen uns und schlagen brutal mit Stöcken auf uns ein. Ich rette mich in eine Privatwohnung. Viele Frauen haben in der Umgebung des Platzes kleine private Ambulanzen eingerichtet, in denen Verletzte versorgt werden. Auch ich habe etwas abbekommen, ein Finger scheint gebrochen, er wird geschient. Gegen die Prellungen und meine Rauchvergiftung kann ich nicht viel machen. Es gibt andere Demonstranten, die viel schwerer verletzt sind als ich. Ein junger Kerl wurde dreimal von einem Gummigeschoss am Kopf getroffen. Er blutet. Nachdem er verbunden worden ist, rennt er wieder los, als sei er süchtig nach Straßenkampf. So groß ist die Wut auf das Regime. So groß ist der Mut. Eine junge Demonstrantin schleppt sogar einen verletzten Sicherheitspolizisten in die Wohnung und verarztet ihn. Sie weint bitter, als er vor Schmerzen schreit. Er war ohne Gasmaske unterwegs, diese sind Offizieren vorbehalten. Die junge Frau heißt Heba. Sie weine, weil sie selbst einer Polizistenfamilie entstammt. Ihr Vater und ihr Bruder sind Polizisten. In dem verletzten Soldaten sieht sie den eigenen Bruder, der vermutlich woanders in Kairo auf Demonstranten einprügelt, weil er den Befehl dazu bekam.

Ich beiße die Zähne zusammen und kehre mit anderen auf die Straße zurück. Je mehr wir werden, je lauter wir skandieren »Das Volk will das Regime stürzen«, desto heftiger werden wir beschossen. Fast eine Stunde bleiben wir zwischen zwei Polizeieinheiten in einer Nebenstraße des Tahrir-Platzes eingekesselt. Es ist die Huda-Sha'rawi-Straße, benannt nach der Frau, die auf dem Tahrir-Platz vor fast 90 Jahren Geschichte schrieb, als sie ihren Schleier vom Kopf riss und zur Befreiung Ägyptens sowohl von der britischen als auch von der osmanischen Herrschaft aufrief. Der Tahrir-Platz, der Platz der Befreiung, hat seinen Namen diesem Ereignis zu verdanken. Der Rauch dringt in unsere Lungen, einige von uns bekommen kaum noch Luft und verlieren kurzfristig das Bewusstsein, aber wir geben nicht auf. Auch ich ersticke fast, doch der von allen Seiten skandierte Slogan »Das Volk will das Regime stürzen« gibt mir Kraft und hält mich auf den Beinen. Es ist fast ein mythologisches Erlebnis. Vor allem die Solidarität der Frauen, die in der Umgebung wohnen, rührt mich. Viele stehen auf ihren Balkonen, schwenken die ägyptische Flagge und werfen den Demonstranten Essigflaschen zu. Die Häuser sind offen. Wer Hilfe braucht, kann überall hineingehen, und ihm wird geholfen.

Wir bekommen Nachschub. Eine Gruppe vermummter junger Männer, die gut organisiert scheinen, stürmt vorbei und ruft uns zu, dass die ersten Barrikaden der Polizei überwunden seien. Sie wollen nun den Tahrir-Platz nehmen. Die Polizeieinheiten, die uns eingekesselt hatten, haben sich in Richtung Tahrir-Platz zurückgezogen. Wir laufen hinter den vermummten Männern her. Zunächst denke ich, sie gehören der Muslimbruderschaft an. Nur dort findet man so junge und gut organisierte Truppen. Wieder hagelt

es Gummigeschosse und Tränengasgranaten, aber die
Gruppe Vermummter ist darauf vorbereitet. Sie haben
feuchte Tücher dabei, mit denen sie die Rauchbomben
aufheben und auf die Polizisten zurückwerfen. Danach laufen sie im Gleichschritt, geschützt von Müll-
tonnendeckeln und Schilden, die die flüchtenden Polizisten zurückgelassen hatten, auf die nächste Gruppe
Uniformierter zu. Diese ziehen sich zurück. Nun sind
sie da, die Jugendlichen, die im Netz Revolution spielen. Es sieht wirklich aus wie die Straßenkämpfe auf
der Playstation. Wer sind diese Jungen? Sie sind zwischen 16 und 20 Jahre alt. Als sie die Polizisten mehr
und mehr in die Enge treiben, ruft ein Demonstrant
neben mir: »Es leben die Ultras.« Jetzt erst geht mir
ein Licht auf, wer diese Jungs sind. Es sind die Red
Devils und die White Knights, die Fußballfans der
beiden größten Kairoer Vereine. Diese haben offenbar
gelernt aus zahlreichen Konfrontationen mit der Polizei, auf der Straße und im Stadion. Wie mein Bruder
haben auch sie lange schon eine offene Rechnung mit
dem Staat und sind gekommen, um diese zu begleichen. Überhaupt scheinen alle Demonstranten eine
offene Rechnung mit der Polizei zu haben.

Der Platz ist nun offen. Von allen Ecken strömen
Demonstranten, und plötzlich sind wir in der Mehrheit. Manche Demonstranten gehen auf die verbliebe-
nen Polizisten los, wollen sie angreifen. Ein älterer
Mann ruft: »Es sind auch unsere Kinder, die können
nichts dafür.« Weitere Demonstranten rufen »silmiyya, silmiyya!«, friedlich, friedlich!

Die zwangsrekrutierten Polizisten tun mir leid. In

ihren Augen sehe ich Angst, Ermüdung und Hilflosigkeit. Am liebsten würde ich sie begrüßen wie heute
Morgen, »Friede sei mit euch«. Manche ersticken fast
am Tränengas, das ihre maskierten Kollegen weiterhin
auf den Platz feuern. Im Gegensatz zu uns wissen die
Polizisten jedoch nicht, wie man sich davor schützen kann. Die Offiziere, die bewaffnet waren und
Gasmasken trugen, sind verschwunden; die kleinen
zwangsrekrutierten Polizisten gerieten zwischen die
Demonstranten und wissen nun nicht, wie sie sich helfen sollen. Einige haben ihre Uniformen ausgezogen,
um nicht angegriffen zu werden. Kurzfristig sieht es
so aus, als hätten wir den Platz endgültig erobert, doch
plötzlich hagelt es erneut Geschosse. Diesmal kommt
das Feuer von oben. Scharfschützen plazieren sich auf
den Dächern. Sie schießen nicht mit Gummigeschossen. Sie schießen mit scharfer Munition. Wir sind in
eine Falle geraten. Es gibt Tote und Verletzte. Ich sehe
zwei Schwerverletzte, der eine blutet am Auge, der andere liegt mit einer Beinwunde am Boden und schreit.
Seitdem klar ist, dass die Polizei mit Krankenwagen
Munition transportiert, lassen wir keine mehr zum
Tahrir-Platz durch. Wir müssen den Platz wieder räu-
men, kommen aber nach einer Viertelstunde wieder
zurück. Nun, um zu bleiben.

Als es dunkel wird, ziehen sich alle Polizeieinheiten
endgültig zurück. Wir rätseln, ob es sich um eine neue
Falle handelt oder ob ihnen die Munition ausgegangen
ist. Kurze Zeit später rollen Panzer des Militärs auf den
Platz. Nach einer kurzen Phase der Irritation und

Spekulation, ob wir es mit einem Militärputsch zu tun haben, fangen einige Demonstranten an zu rufen: »Die Polizei prügelt uns, komm Armee und schütze uns.« Nun werden die Panzer mit Applaus begrüßt. Die Soldaten erwidern die Grüße freundlich. Uns ist klar, die Armee ist nicht gekommen, um auf uns zu schießen.

Kurze Zeit später steht das Hauptquartier der regierenden Nationalpartei in Flammen und wird geplündert. Das Herz bleibt mir fast stehen, als ich sehe, wie sich das Feuer fast bis zum Nationalmuseum ausbreitet. Viele junge Männer und Frauen bilden eine Menschenkette um das Museum, um die Plünderer fernzuhalten. »Verbrennt alles, nur nicht unsere Kultur«, schreit eine junge Frau. Später stellt sich heraus, dass die Plünderer, die das Museum betreten wollten, Polizisten sind, die sich ihrer Uniform entledigt haben und nun in Zivil ihr Unwesen treiben. Es ist merkwürdig zu sehen, wie Zivilisten die Polizisten verhaften, um sie der Armee zu übergeben. Haben wir gewonnen? So einfach? Und wenn es so einfach wäre, warum haben wir 30 Jahre gewartet?

Schon vor Stunden habe ich in der drängenden Menge den Kontakt zu meinem Bruder verloren. Ich laufe auf dem Tahrir-Platz umher und suche ihn. Es ist wie die Suche nach einer Nadel im Heuhaufen. Irgendwann treffe ich einen befreundeten Schriftsteller. Früher nannte er sich selbst »feige«. Er hielt nicht viel von Demonstrationen, aber heute ist er da. Heute ist er mutig wie alle auf dem Platz. Er umarmt mich mit Tränen in den Augen und sagt »mabruk«, »gratuliere«. Auch wenn dieses Wort mit dem Wort Mubarak verwandt ist, klingt es in meinen Ohren doch wie ein Lied. »Das Regime hat seine Wirbelsäule verloren«, sagt er, »es kann nie wieder gerade stehen. Dieses Regime war die Polizei. Ist die Polizei weg, ist auch das Regime weg!« »Das Regime war unsere Angst«, sage ich. »Ich glaube nicht, dass wir nach so einem Tag vor irgendetwas oder irgendjemandem wieder Angst haben können.«

Ich drehe noch eine Runde um den Platz und sehe widersprüchliche Szenen. Jubelnde Menschen, junge Frauen und Männer, die das Museum schützen, und andere, die die Regierungseinrichtungen plündern. Polizeiwagen stehen in Flammen. Ich stoppe zwei Jungs von 12 und 14 Jahren, als sie mit einem teuren Sessel aus dem verwüsteten Gebäude der Nationalpartei eilen. »Das gehört euch nicht«, sage ich. »Natürlich gehört es uns. Die Verbrecher haben uns alles gestohlen, jetzt holen wir, was uns zusteht, zurück!«, sagt einer von ihnen. Als ich ihm widerspreche, holt er ein Messer aus seiner Hosentasche und brüllt: »Lass mich in Ruhe! Ich lebe seit meiner Geburt auf der Straße, wo warst du? Mir hat keiner geholfen!« Er scheint entschlossen, seinen eroberten Sessel verteidigen zu wollen. Einige strengreligiöse Salafisten, die sich an den Demonstrationen nicht beteiligt haben, patrouillieren mit Motorrädern und versuchen vergeblich, die Plünderer zurückzuhalten. Die schönsten und hässlichsten Seiten Ägyptens auf engstem Raum.

Spät in der Nacht dieses denkwürdigen 28. Januar 2011 kehre ich zum Hotel zurück – doch es ist geschlossen, aus Angst vor Plünderungen. Ich suche meinen

Verleger in den nahe gelegenen Verlagsräumen auf und
frage, ob mein Bruder aufgetaucht sei, doch keiner der
dort Versammelten hat ihn gesehen. Anrufen kann ich
ihn nicht, denn Internet und Mobilfunknetz sind auf
Befehl Mubaraks gekappt, um die Kommunikation unter den Demonstranten zu erschweren. Mir schwant
Übles. Jetzt spüre ich auch starke Schmerzen im Finger.
Ich möchte im Büro schlafen, um in der Nähe des Tahrir-Platzes zu bleiben, doch mein Verleger kann den
Gestank des Gases nicht mehr ertragen und nimmt
mich mit in sein Haus im südlichen Stadtviertel Maadi.
Bei dieser Fahrt sehe ich zum ersten Mal in meinem Leben vollkommen leere Straßen in Kairo. Doch überall
gellen Schüsse durch die Nacht. Im Bett liege ich lange
wach. Gedanken, Bilder und Gefühle überfluten mich.
Glück. Sorge. Stolz. Schmerz. Und eine große Hoffnung. What a Diff'rence a Day Made! Dieser Freitag
wird in die Geschichte Ägyptens eingehen.

Samstag, der 29. Januar 2011

Schon am frühen Morgen eile ich wieder zum Tahrir-
Platz. Überall in den Straßen Spuren der Verwüstung.
Zerstörte Banken, Geschäftshäuser und Polizeistatio-
nen. Noch immer peitschen Schüsse durch die Luft.
Nirgendwo ein Polizist zu sehen. Den Verkehr regeln
Freiwillige in Zivil. Auf dem Tahrir-Platz ein Bild des
Friedens. Viele Demonstranten haben die Nacht dort
verbracht. Die Soldaten, die in der Wüste stationiert

sind und kaum Kontakt zur Bevölkerung haben, werden umarmt. Das Volk, das gestern einen der größten Sicherheitsapparate der Welt nur mit seiner Gegenwart und dem Ruf nach Freiheit stürzte, steckt heute buchstäblich Blumen in die Geschützrohre der Armee. Die Soldaten und ihre Panzer wirken gezähmt. Gegen das Volk, das sie bejubelt, werden sie wohl nichts unternehmen. Ich sehe übrigens nur einfache Soldaten, keine hohen Offiziere. Die halten sich im Hintergrund. Demonstranten schreiben »Nieder mit Mubarak« auf die Panzer. Der große Pharao hat sein Zepter verloren. Gestern hatte er noch in einer Rede eine Kabinettsumbildung und große Reformen angekündigt, doch das haben die Demonstranten nur gleichgültig zur Kenntnis genommen. Einer schrieb auf einem Plakat »Was du in dreißig Jahren nicht schafftest, schaffst du heute nicht mehr. Weg mit dir!« Auch die Ausgangssperre respektierte keiner.

Die Plünderungen gehen weiter. Offenbar kommt es in allen Teilen Ägyptens zu solchen Ausschreitungen. Sie laufen immer nach demselben Schema ab. Erst tauchen Berufskriminelle auf, die mit Pistolen und Gewehren in die Luft feuern. Die erschreckten Anwohner fliehen. Dann folgen andere mit Messern und Schwertern, die Geschäfte, Banken und Institutionen plündern. Mir ist sofort klar, dass das organisiert ist. Gleichzeitig hören wir, dass Gefängnisinsassen in Massen ausbrechen. Wer lässt diese Leute raus? Mir scheint das ein riskantes Kalkül der geschlagenen Polizei zu sein. Sie setzt auf Chaos. Ich erlebe eine staatliche Inszenierung. Gestern Abend brannten viele

Polizeiwagen – aber wie soll man die mit Essig und Coca-Cola in Brand setzen? Die meisten Polizeistationen von Kairo wurden niedergebrannt. Polizisten in Zivil wurden dabei ertappt, wie sie Brände legten. Schläger, Plünderer und Polizisten arbeiten zusammen, es gibt ja auch viel Geld zu verteilen.

Kairo ist nicht wiederzuerkennen. Ich gehe durch eine Stadt, in der es keine Polizei gibt. Trotz des Chaos vom Vorabend sehe ich vieles, was mir Hoffnung macht. Überall werden die Straßen gesäubert. Vor vielen Banken und staatlichen Einrichtungen patrouillieren Bürgerwehren, um sie vor Plünderern zu schützen. An einer Kreuzung regelt ein junger Mann den Verkehr. Er ist vielleicht 18, 19 Jahre alt. Und es funktioniert! Die Ägypter sind eigentlich dafür bekannt, dass sie überhaupt keine Verkehrsregeln beachten. Aber dieser Junge hat die Kreuzung im Griff. Mit einer Handbewegung stoppt er die Autos. Er ist eine Autorität. Und warum? Weil die sonst so renitenten Autofahrer wissen: Der Junge, der den Verkehr regelt, hat nichts gegen mich. Für den sind alle gleich. Auch ein Minister müsste hier anhalten. Eine Schlüsselszene, die zeigt, wie sehr die alten Autoritäten an Ansehen verloren haben. Sie haben das Gesetz nicht geachtet und alles nur zu ihren Gunsten ausgelegt. Es wurde mit zweierlei Maß gemessen. Aber wenn es gerecht zugeht im neuen Ägypten, dann werden die Ägypter vielleicht auch alte, schlechte Gewohnheiten ablegen. Das neu gewonnene Selbstbewusstsein des Volkes zeigt sich an zwei unterschiedlichen Phänomenen:

Verantwortungsbewusstsein bei den einen und Selbstjustiz bei den anderen.

Zurück auf dem Tahrir-Platz. Hier herrscht eine fröhliche Stimmung. Die Demonstranten haben ein paar Kontrollpunkte aufgebaut: Am ersten wird der Personalausweis kontrolliert, um Polizisten in Zivil zu identifizieren. Am zweiten werden die Taschen nach Steinen oder Knüppeln durchsucht. Am dritten Checkpoint stehen Ägypter, die sich für die ersten beiden Kontrollen entschuldigen: »Tut uns leid, muss leider sein.« Damit die Leute nicht mit gekränkter Stimmung auf den Platz kommen. Das war sehr gut organisiert. Der Tahrir-Platz ist gar nicht wiederzuerkennen. Die Reste der Straßenschlacht sind verschwunden. Nie habe ich ihn so sauber gesehen. Es ist jetzt der Platz des Volkes.

Abends überträgt das Staatsfernsehen eine oscarreife Inszenierung. Über die Demonstrationen wird nicht berichtet, stattdessen über Plünderer. Offenbar bestellte Anrufer sprechen von Hunderten, ja Tausenden Toten, von Gemetzel und Chaos. Aber diese Erzählungen aus Tausendundeiner Nacht, die dafür sorgen sollen, dass sich die Menschen nicht mehr auf die Straße trauen, glaubt keiner. Hinter ihr steckt auch eine Botschaft Mubaraks an den Westen. Der Pharao genießt die Unterstützung Europas und der USA seit Jahrzehnten, weil er sich als Garant für Stabilität und Frieden in der Region gibt. Die Alternative zu ihm seien Islamisten, Chaos und Krieg mit Israel.

Die Telefonleitungen funktionieren nun auch wieder. Meine Mutter ruft mich im Hotel an. Ich kann kaum sprechen, das Tränengas hat meiner Stimme sehr zugesetzt. Ich sei erkältet, sage ich ihr, damit sie sich keine Sorgen macht. »Und wie geht es Mahmoud?«, mein Bruder sei nicht nach Hause gekommen. Ich habe ihn auch nicht gesehen, sage aber schnell: »Ihm geht es gut. Er kann wegen der Ausgangssperre und dem Chaos auf der Straße nicht ins Nildelta fahren.« Das Schicksal meines Bruders macht mir große Sorgen. Ich versuche bei meinem Verleger, dann auf dem Tahrir-Platz etwas über ihn zu erfahren oder ihn gar zu treffen. Die offiziellen Zahlen der Toten und Verletzten von Freitag beunruhigen mich nun sehr. Die Rede ist von über 300 Toten und 900 Verletzten. In Wirklichkeit, und das weiß jeder, starben mehr als 900 Menschen, während 9000 zum Teil schwer verletzt wurden, darunter sind 1200 junge Menschen, die durch die Gummigeschosse ihr Augenlicht verloren.

Am Abend des nächsten Tages ruft mich endlich mein Bruder aus einem Krankenhaus in der Innenstadt an. Er wurde von einem Polizeiknüppel am Kopf getroffen und lag zwei Tage im Koma, aber jetzt geht es ihm besser. Ich besuche ihn, hole ihn ab, denn er muss trotz seiner schweren Gehirnerschütterung Platz für andere Verletzte machen. Aus Angst vor Straßenräubern fahren die Taxen nicht aus Kairo heraus. So muss mein Bruder mit seiner Gehirnerschütterung selbst im eigenen Wagen in unser Heimatdorf fahren. Ich bleibe in Kairo.

Dienstag, der 1. Februar 2011

Heute werde ich 39 Jahre alt. Ich habe das Gefühl, dass mir zwei Millionen Menschen zum Geburtstag gratulieren. So viele beteiligen sich heute an den Protesten. Ich erinnere mich an eine lange zurückliegende Demonstration. Damals war ich Student und Mitglied der Muslimbruderschaft. Einige von uns demonstrierten an der Uni gegen Mubarak, weil er die Beteiligung ägyptischer Soldaten am Krieg der Amerikaner gegen Saddam Hussein im Winter 1991 genehmigte. Damals wurde die Demonstration nach wenigen Minuten zerschlagen, und viele wurden verhaftet. Zwanzig Jahre später demonstriere ich wieder gegen Mubarak. Und täglich nimmt die Zahl der Muslimbrüder zu, obwohl sie ihre Teilnahme an den Demonstrationen eigentlich abgesagt haben. Aber noch machen sie sich klein auf dem Platz, weil sie wissen, dass sie nicht die Urheber dieser Revolution sind. In den 80 Jahren seit der Gründung ihrer Bewegung versuchten sie, die ägyptische Bevölkerung für eine islamische Revolution zu mobilisieren, aber ihnen gelang es nie, die Massen wirklich zu bewegen. Nun kommt von der Facebook-Jugend die Initialzündung für die Revolte – und die Muslimbrüder laufen einfach nur mit.

Die Soldaten schauen uns freundlich zu, wie wir die neue Freiheit feiern. Einer von ihnen lässt sich sogar von den Demonstranten auf den Schultern tragen und ruft euphorisch: »Nieder, nieder mit Mubarak.« Er wird eine der Ikonen dieser Revolution. Später erfahre ich, dass der junge Offizier aus meinem Heimatdort

stammt. Sein Bruder war mein Gymnasiallehrer. So
klein ist dieses große Land. Die Stimmung ist großar-
tig. Auf dem Platz stehen mehrere ausgebrannte Autos, in die Müll geworfen wird. »Nationaldemokrati-
sche Partei« – der Name von Mubaraks Staatspartei –
steht darauf und: »Bitte eine kleine Spende«. Ein
spaßiges Volksfest, überwacht von Kampfflugzeugen.
Manche tanzen und singen, andere hören Popmusik
aus Kassettenrekordern, andere veranstalten Kaba-
rettwettbewerbe, um Mubarak lächerlich zu machen.
Einige Demonstranten malen Mubarak als Teufel und
veranstalten ein Austreibungsritual. Es ist sehr lustig,
aber ich mache mir Sorgen, dass wir unsere Probleme
komplett auf Mubarak projizieren und ihn als Teufel
und Urquelle des Übels titulieren. Wir haben quasi die
Amerikaner und die Israelis gegen Mubarak ausge-
tauscht. Was, wenn Mubarak nun geht? Er ist spätestens seit dem 28. Januar abgewählt. Was tun wir, wenn
er weg ist? Raffen wir uns dann zusammen und bauen
das Land wieder auf, oder suchen wir nach einem weiteren Sündenbock, den wir für alles verantwortlich
machen? Bauen wir eine Demokratie auf, oder gehen
wir aufeinander los wie einst die Libanesen und die
Iraker? Trotz meiner Skepsis muss ich am Abend im
Interview mit dem »Heute Journal« kräftig für den
Sturz Mubaraks werben. Meine Sorgen behalte ich für
mich.

In den vergangenen Tagen bin ich mit vielen jungen
Menschen ins Gespräch gekommen. Ich interessiere
mich für ihre gesellschaftliche Herkunft und für ihre

Motive und Ziele: Der Schriftsteller, der mit der Kulturpolitik des Regimes unzufrieden ist; ein Arbeiter aus einer Tabakfabrik demonstriert gegen die niedrigen Löhne; einer, dessen Bruder mit einem sinkenden Transportschiff im Roten Meer ertrunken war und der keine Entschädigung vom Reeder bekam, wollte auf dem Platz seiner Enttäuschung Ausdruck verleihen; Angehörige von verschwundenen politischen Gefangen kamen mit Bildern ihrer Verwandten; der Universitätsabsolvent, der 16 Jahre Ausbildung hinter sich hat und keinen Job findet; eine Frau, die ihren Job im staatlichen Fernsehen kündigte, weil sie die eigene Bevölkerung nicht mehr anlügen will; ein Café-Besitzer, der gekommen war, um auf die Demonstranten zu schimpfen, weil sein Geschäft durch die Proteste schlecht ging, aber überzeugt wurde, dass die Revolution nicht gegen ihn gerichtet ist, und der nun mitmarschierte; ein arbeitsloser 45-jähriger Mann kam, um vor seinen Schuldnern zu fliehen, »zu Hause schimpfen meine Mutter und mein Bruder die ganze Zeit auf mich, alle paar Stunden klopft ein Schuldner an die Tür. Hier im Tahrir schimpft mich keiner, keine fragt mich nach meinem Job, alle geben mir Essen und Zigaretten. Und Al-Dschasira hat mich interviewt, aber gesendet haben sie es noch nicht.«

Ich frage: »Was wollt ihr?« Die Antwort eines jungen Mannes steht für viele: »Ich will leben! Ich will richtig leben!« Ein anderer sagt: »Ich will lernen. Ich will den Müll aus meinem Kopf bekommen.« Und dann erzählt er mir, warum wir dringend unser Bildungssystem reformieren müssen. Und natürlich sa-

gen alle: »Wir wollen Freiheit!« Kaum ein Wort hörte
ich häufiger als das Wort »Würde«. Auch der Begriff
»Demokratie« ist rehabilitiert worden. Früher war
»Demokratie« in Ägypten ein Synonym für westliche
Dekadenz. Sogar die jungen Muslimbrüder sprechen
jetzt von Demokratie. Natürlich gibt es da noch die
alte Garde der Islamisten, für die Demokratie nach
wie vor verpönt ist. Die hätten dasselbe Schicksal verdient wie Mubarak. Aber die jungen Muslimbrüder,
die beim Protest mitmachen, haben auf einmal kein
Problem mit Musik. Sie stehen Seite an Seite neben
jungen Frauen ohne Kopftuch. Ein Islamist mit langem Bart besteht darauf, die Bühne, die gestern für
Kundgebungen und Anweisungen errichtet wurde, zu
besteigen. »Ich möchte ein Wort an unsere Schwester
ohne Kopftuch auf dem Platz richten.« Eine merkwür-
dige Stimmung macht sich breit, man rechnet damit,
dass er auf die Frauen schimpfen wird. Da er Anhänger der Salafisten war, die von Saudi-Arabien finanziert und gesteuert werden und dafür plädieren, Ägypten zu der reinen Lehre des Islam zurückzuführen,
fürchtet man, dass er die Stimmung auf dem Platz ver-
giftet. »Ich möchte mich bei jeder Frau ohne Kopftuch entschuldigen, denn wir haben euch früher als
unmoralische Sünderinnen bezeichnet, aber ich habe
von euch auf diesem Platz gelernt, was Moral bedeutet.«

Das ist alles neu für junge Islamisten. Sie schauen
sich um und sehen eine neue Welt, die auch sie beeindruckt. Im Moment erleben wir in Kairo eine offene
Gesellschaft. Man läuft am Nil entlang und trifft keine

Polizisten. Man braucht keine Angst zu haben. Die
polizeiliche Willkür war so stark, dass viele sich das
gar nicht mehr getraut haben. Es gab nur Ärger. Wer
einen Bart hatte, galt als Islamist und wurde verhaftet.
Das Kriegsrecht, das seit Mubaraks Amtsantritt in
Ägypten herrscht, machte es möglich, dass jeder Bürger ohne Angabe von Gründen verhaftet und in Ge-
wahrsam genommen werden konnte. Manche Ägypter verschwanden auf diese Weise und tauchten nie
wieder auf. Eigentlich hätte diese Revolution nie statt-
finden können, denn es ist gesetzlich verboten, dass
sich mehr als fünf Personen auf offener Straße versam-
meln, wenn sie nicht zu der gleichen Familie gehören.
Aber jetzt laufen diese jungen Menschen erhobenen
Hauptes durch Kairo und haben vor niemandem mehr
Angst. Jetzt sagen viele junge Männer: Zum ersten
Mal fühle ich, dass Ägypten mein Land ist. Früher liefen sie mit hängenden Schultern durch die Stadt. Kein
Job, keine Perspektive. Jetzt sind sie stolz, fühlen sich
wichtig, werden gebraucht. Zu Wahlen sind sie bisher
nie gegangen, die Mubarak-Partei konnte ja dank der
Wahlfälschungen nicht verlieren. Aber wenn diese
jungen Frauen und Männer, die sich auf dem Tahrir-
Platz treffen, alle zur Wahl gehen, dann haben weder
die alten korrupten Eliten noch die Muslimbrüder
eine Chance, die ihre Anhänger immer für die Wahlen
mobilisieren konnten, während die Mehrheit der
Ägypter zu Hause blieb. Dass Ägypten die erste liberale Demokratie der arabischen Welt werden könnte,
ist keine Utopie. Es ist eine Möglichkeit, die mit Händen zu greifen ist.

Am Abend wird die Rede Mubaraks live übertragen. Seine Ankündigung, sich im September aus der
Politik zurückzuziehen, wird unterschiedlich aufgenommen. Die einen halten das für einen Witz und
wollen ihn sofort davonjagen. Andere interpretieren
das als Erfolg, der vor wenigen Tagen noch völlig unvorstellbar war. Und sie haben Mitleid mit einem ehemaligen Nationalhelden, der in seiner Heimat sterben
will. Die Stimmung verändert sich. Einige verlassen
den Platz mitten in der Nacht und wollen nicht mehr
zurückkehren.

Mittwoch, der 2. Februar 2011

Die Tage der Freiheit, des zivilen Miteinanders, scheinen vorbei zu sein. Auf dem Tahrir-Platz kursieren
Gerüchte, dass sich immer mehr Polizeispitzel und
Agenten in die Menge mischen. Das könnte die Hand-
schrift des neuen Vizepräsidenten Omar Soliman sein.
Schließlich leitete der treue Mubarak-Mann die Ge-
heimdienste bis gestern, bis zu seiner Ernennung zum
Vizepräsident. Am Mittag steuert eine große Gruppe
von Mubarak-Anhängern auf den Platz zu. Sie sind
aggressiv im Ton, bleiben aber friedlich. Plötzlich pre-
schen Reiter heran. Ich sehe mindestens 15 Männer auf
Kamelen und Pferden, die mit Knüppeln auf Demonstranten einschlagen. Manche liegen unter den Kamelen, manche springen auf sie und bringen sie zu Fall.
Sofort frage ich mich: Wie haben die es bis hierher ge-

schafft? Später hören wir, dass sie aus der Gegend der Pyramiden kommen. Die sind etwa sechs bis sieben Kilometer entfernt. Sie mussten also ziemlich viele Absperrungen der Armee passieren. Und sie wurden durchgelassen, obwohl man wusste, dass sie nichts Gutes im Schilde führen.

Am Nachmittag entwickelt sich dann eine üble Schlägerei. Die Mubarak-Anhänger prügeln, werfen mit Steinen; es gibt viele Verletzte, auch Tote. Demonstranten lösen Pflastersteine aus dem Fußweg, um sich zu verteidigen. Ich bin kein Schläger und kann mit meiner verletzten Hand nichts werfen. Ich beschränke mich darauf, Frauen und Kinder zu einem sicheren Ort am anderen Ende des Platzes zu geleiten. Gelegentlich komme ich zurück, um die Entwicklung der Schlacht zu beobachten. Es ist das erste Mal, dass ich seit dem Ausbruch der Revolution religiöse Rufe auf dem Platz höre. Die Jugend der Muslimbrüder sieht in der Kamelschlacht eine Chance, eine aktive Rolle zu übernehmen. Mit der Unterstützung der Fußballfans gelingt es den Muslimbrüdern, die Mubarak-Anhänger ein Stück hinter das Ägyptische Museum zurückzudrängen. Dabei rufen sie »Allahu Akbar«, Gott ist groß. Obwohl es gegen die Abmachung der Organisatoren des Protestes ist, religiöse oder parteipolitische Parolen zu rufen, kommt von den Demonstranten kaum Widerspruch. Wir alle sind dankbar, dass sie die reitenden Angreifer vom Platz vertreiben. Ohne sie wäre der Platz von den Mubarak-Leuten erobert worden. Sie und die Muslimbrüder bewerfen einander stundenlang mit Steinen.

Die Armee steht in der Mitte des Platzes und tut nichts. Ich kann ihre Haltung nicht verstehen. Hat sie einen Deal mit Mubarak geschlossen, die Schläger des Regimes zu dulden, bis sie die Demonstranten vom Tahrir-Platz vertrieben haben? Gelegentlich feuern die Soldaten in die Luft und werfen Tränengas. Mir fällt eine Tränengasgranate vor die Füße, als ich dem Fernsehsender N-TV ein Interview gebe. Wir müssen das Gespräch unterbrechen. Ich hatte keine Essigflasche dabei, da ich dachte, die Zeiten des Tränengases seien vorbei. Ich muss ins Hotel und mich hinlegen. Am Abend fliegen von den den Tahrir-Platz säumenden Häusern Molotowcocktails auf die Demonstranten. Ich befinde mich glücklicherweise in einer sicheren Entfernung und beobachtete den Beginn der Konterrevolution. Da ich eine Live-Schaltung zur Talkshow »Hart aber fair« vereinbart hatte, muss ich den Platz verlassen. Es ist eine harte Entscheidung, denn jetzt wird jeder gebraucht, auch diejenigen, die keine Steine werfen. Aber es ist wichtig, dass die Menschen in Deutschland erfahren, dass die »Schlacht des Kamels«, wie sie in Ägypten genannt wird, eine Inszenierung des Regimes ist und nicht der Auftakt eines Bürgerkrieges. Nach mehreren Versuchen kann ich den Platz verlassen, sehe aber viele Schwerverletzte. Die Straßen um den Platz sind fest in den Händen der Mubarak-Anhänger. Nach der Sendung lassen sie mich nicht mehr zum Tahrir-Platz zurück. Eine aggressive Stimmung baut sich in den Straßen auf. Die Revolution scheint in ernsthafter Gefahr zu sein.

Donnerstag, der 3. Februar 2011

Noch immer scheinen die Zugänge zum Tahrir-Platz in der Hand der Mubarak-Anhänger zu sein. Ein Mann fragt mich barsch: »Bist du pro oder kontra?« Ich antworte: »Ich bin für Ägypten.« Als er bemerkt, dass mein Finger bandagiert wurde, fragt er, woher ich das habe. »Vom Freitag«, sage ich. Dann droht er: »Hau ab, sonst erschlage ich dich.« Und weil er nicht allein ist, ziehe ich mich zurück. Ich muss einen großen Umweg gehen, um wieder ins Zentrum des Protests zu kommen, denn alles dreht sich jetzt um den Tahrir-Platz. Dieser Platz ist Ägypten. Wer ihn in Besitz nimmt, beherrscht die internationalen Bilder. Und das ist die Logik des Regimes: Wenn die Demonstranten von dort vertrieben werden, stirbt die Revolte.

Das staatliche Fernsehen und die regimetreuen Zeitungen verbreiten Verschwörungstheorien. Der Chefredakteur einer großen Zeitung behauptet im Fernsehen, dass der Staat Katar und der Sender Al-Dschasira, der ausführlich über die Demonstrationen berichtet, ein Abkommen mit Israel geschlossen hätten. Ausländer hätten ihre Finger im Spiel. Regimetreue Schauspieler und Sänger wechseln sich im Fernsehen ab und bezeichnen die Tahrir-Demonstranten als Agenten des Westens und Israels. Einer von ihnen behauptet, er sei auf dem Platz gewesen und hätte gesehen, wie dubiose Menschen jedem Demonstranten 50 Euro in die Hand drückten und eine Lunch-Box von Kentucky Fried Chicken. Außerdem werde auf dem Platz die islamische Moral mit Füßen getreten, denn unverheiratete

Männer und Frauen schliefen im gleichen Zelt, rauchten Haschisch und hätten Geschlechtsverkehr.

Am kommenden Tag sind deutlich weniger Frauen auf dem Platz, sie werden von ihren Familien daran gehindert zurückzukehren. Dafür tauchen viele junge Männer auf, die fragen, wo die 50 Euro verteilt werden. Das Regime stolpert über seine eigenen Lügen. Viele, die nach der emotionalen Rede von Mubarak bereits gegangen waren, kommen zurück, als sie hören, dass die Kamelreiter die Demonstranten angreifen.

Die Schizophrenie der staatlichen Medien manifestierte sich am deutlichsten im Umgang mit dem Thema Ausländer. Zum einen beklagen sie, dass die Revolution den Tourismus beschädige, weil Ausländer nun Angst hätten, nach Ägypten zu reisen. Gleichzeitig warnen die gleichen Medien vor Ausländern, die sich im Umfeld des Tahrir-Platzes befänden, weil diese Agenten seien, die Hetze betrieben, um das Land zu destabilisieren. Mal ist die Rede von Hamas-Agenten, dann sind sie Iraner, dann heißt es, sie seien Europäer, Amerikaner und Israelis.

Immer öfter höre ich, dass westliche Journalisten an ihrer Arbeit gehindert, oft sogar bedroht oder gar geschlagen werden. Dahinter stecken Mubaraks Anhänger. Aus vielen Hotels, die in der Nähe des Platzes liegen, werden Reporter von der Staatssicherheit vertrieben. Manche Journalisten, die in meinem Hotel wohnen, werden vermisst, auf andere wird Jagd gemacht. Oder sie werden stundenlang im Militärhauptquartier verhört. Die Presse soll eingeschüchtert wer-

den. Gut, dass wir Al-Dschasira haben. Auch wenn
ich an der Professionalität und Neutralität des arabischen Senders zweifle, ein Teil des Erfolgs dieser
Revolution ist Al-Dschasira zu verdanken. An den
Tagen, als alle Telefon- und Internetleitungen unter-
brochen wurden, war Al-Dschasira das Kommunika-
tionszentrum der Revolution. Was auf dem Platz
mündlich kommuniziert wurde, wurde später auf Al-
Dschasira publik gemacht. Als am 1. Februar zum
Marsch der Millionen aufgerufen wurde, war Al-
Dschasira der einzige Kanal, der den Aufruf verbreitete. Als die Zahl der Demonstranten auf dem Tahrir-
Platz abnahm, veröffentliche der Sender Aufnahmen,
die zeigen, wie Polizeiwagen rücksichtslos Demonstranten überrollen, wie ein Demonstrant zusammen-
bricht, nachdem ihn ein Scharfschütze getroffen hat,
und wie die Polizei betende Demonstranten mit Tränengas und Wasserwerfern beschießt.

Am Ende des Tages gehört der Tahrir-Platz wieder
dem Protest. Die Mubarak-Anhänger werden von der
Armee daran gehindert, weiter auf uns einzuprügeln.
Und plötzlich, nach einigen hässlichen Tagen mit vielen Verletzten und Toten, kehrt die Volksfeststim-
mung zurück. Es wird Musik gemacht, getanzt, auch
gebetet. Aber während es im westlichen Fernsehen so
aussieht, als würde der ganze Tahrir-Platz zum Nach-
mittagsgebet antreten, sieht die Realität anders aus.
Von einem Dach eines Hauses am Tahrir-Platz aus beobachte ich die Szene. Höchstens zehn Prozent beten,
die anderen bleiben stehen, unterhalten sich, tanzen,
machen, was sie wollen. Viele Menschen haben wieder

ihre Kinder mitgebracht. Ein schönes Bild, das mir Mut macht.

Vor einigen Tagen wurde hier auch schon gebetet. Ein Muslimbruder, der nach der Schlacht des Kamels viel selbstbewusster war als früher, rief: »Seid mal ruhig!« Ich habe ihm gesagt: »Wenn ihr beten wollt, okay. Aber ich habe keine Lust dazu. Dieser Platz gehört allen, und du kannst mir keine Vorschriften machen.« Dann zog er wieder ab. Diese Haltung, dass hier jeder machen kann, was er will, solange er niemand anderen belästigt, scheint sich durchgesetzt zu haben. Auf die Muslimbrüder müssen wir trotzdem aufpassen. Sie sind eine gut organisierte Minderheit, aber sie dominieren nicht den Protest.

Vom Balkon, von dem ich den Platz beobachte, wird ein riesiges Transparent heruntergelassen. Darauf stehen, für alle sichtbar, unsere Forderungen: »Rücktritt Mubaraks«; »Auflösung beider Häuser des Parlaments«; »Ende des Kriegsrechts«; »Neuwahlen und eine neue Verfassung«; »Bildung einer nationalen Notstandsregierung aus allen politischen Kräften Ägyptens«; »Anklage gegen alle korrupten Politiker«; »Anklage gegen die Verantwortlichen der Übergriffe auf friedliche Demonstranten«.

Kurzatmig sind meine Landsleute nicht. Es war ein Nervenkrieg, in dem die Jugend voller Mut, Elan und Hoffnung gegen einen 83-jährigen Luftwaffengeneral antrat, der aus lauter Realitätsverlust an seinem Stuhl klammert. Die Zeit und die Welt waren auf der Seite der Jugend. Es konnte nicht anders sein. Am Ende musste Mubarak das Handtuch werfen und gehen. Geblieben sind seine Männer fast überall in den wichtigsten Einrichtungen des Landes. Geblieben sind die Mentalität und die soziale Realität, die ihn 30 Jahre gestützt haben. Mohamed, der Prophet des Islam, pflegte nach der Rückkehr aus dem Krieg seinen Anhängern zu sagen: Der kleine Kampf ist vorbei, jetzt beginnt der große Kampf, der Kampf von jedem von euch gegen sich selbst. Das Gleiche gilt für die Ägypter, die Tunesier und für alle Araber, die den Diktator vom Thron gejagt haben, aber ihn noch nicht aus ihrer Geisteshaltung entfernen konnten. Ich habe am 28. Januar lauter gejubelt als im Februar, weil die Ägypter am ersten Tag sich selbst besiegt und die eigene selbstverschuldete Mauer der Angst überwunden haben. Die Araber brauchen noch viele solcher Siege auf dem Weg in die Demokratie.

Die Ursachen der Aufstände

Im Nachhinein sind wir alle klüger. Wie nach dem Zusammenbruch der Sowjetunion, den kein Historiker und kein Politikwissenschaftler vorhersehen konnte, tobt auch jetzt eine Expertenschlacht über die genauen Ursachen, die treibenden Kräfte und die Konsequenzen der Revolution. Was ich hier liefern kann, ist lediglich eine persönliche Einschätzung auf Basis dessen, was ich bislang wahrnehmen konnte.

Aus meiner Sicht sind die Hauptursachen der Revolution dieselben, die zur Massenauswanderung und zum islamistischen Terrorismus geführt haben: das Erwachsenwerden einer neuen Generation, die Demütigungen, Ungerechtigkeiten und Frustration erleidet und die anders leben will als die Generationen ihrer großen Brüder und Väter. Die klassischen politischen und wirtschaftlichen Zutaten einer Revolte sind aber seit geraumer Zeit in allen arabischen Staaten zu beobachten.

Warum kam also die Revolution zu diesem Zeitpunkt? Tatsache ist: Die arabische Bevölkerung ist heute nicht ärmer als vor 30 Jahren, und die Polizei ist nicht brutaler geworden. Im Gegenteil: Zum Zeitpunkt der Revolution hatten Ägypter, Tunesier und Syrer viel mehr Freiheiten als die Generation ihrer Väter. Sogar die Regierungszeitungen und offiziellen

Medien waren vor der Revolution viel kritischer als noch wenige Jahre zuvor. In totalitären Diktaturen sind weder Terrorismus noch Revolutionen möglich. Zu Zeiten von Saddam Hussein wurde weder ein Terroranschlag im Irak verübt, noch waren Demonstrationen möglich. Erst nach der Aufweichung staatlicher Strukturen brachen die Konflikte auf, die die Diktatur niederhielt. Die entscheidende Frage für mich ist also nicht, welche Ursachen diese Revolte hatte, sondern warum sich eine schweigende Masse plötzlich in eine kritische Masse verwandelt. Denn diese Dynamik des Kritischwerdens wird Auswirkungen auf die Zukunft der arabischen Länder haben – und nicht nur positive. Eine kritische Masse, die sich untereinander nicht über neue Spielregeln einigen kann, steht sich selbst im Wege und verlangsamt möglicherweise den Demokratisierungsprozess.

Die einzigen Menschen, die meines Wissens eine Revolution in Ägypten erwartet haben, waren zwei Künstler und ein Statistiker, wohlgemerkt keine Politikwissenschaftler. Der erste ist der 83-jährige Dichter und ewige Revolutionär Ahmed Fouad Negm, der für seine antiautoritären Gedichte mehrere Jahre unter Präsident Nasser und Präsident Sadat ins Gefängnis musste. Er wurde 1928 geboren, im gleichen Jahr wie Mubarak und Che Guevara. 1967 betrauerte er in seinen Gedichten die große Niederlage der arabischen Armeen im Krieg gegen Israel und den Tod seines Idols Che. Sein Leben lang sang er gegen Diktaturen und Unterdrücker.

Ich lernte ihn persönlich kennen, als ich 2008 in Ägypten mein erstes Buch veröffentlichte, denn wir haben beide den gleichen Verleger. Ich sagte ihm: »Alles, was ich in Ägypten sehe, frustriert mich. Onkel Ahmed, sagen Sie mir bitte etwas, was mir Hoffnung gibt!« Er antwortete: »Deine Frustration ist die Hoffnung. Es dauert nicht mehr lange, glaub mir, ich habe Informationen, die sogar die CIA nicht hat: In Ägypten gibt es bald eine große Revolution.« Ich fragte, was ihn so sicher mache. Negm meinte, Ägypten habe eine junge Generation, wie es keine zuvor gegeben habe, flink und technisch begabt. Und diese jungen Menschen wüssten, was der Staat nicht weiß, weil sie im Internet lebten. Er wusste trotz seiner mehr als 80 Jahre, wovon er sprach, denn seine Tochter Nawara war eine der wichtigsten Bloggerinnen und Regimegegnerinnen Ägyptens. In einer Talkshow, wenige Tage vor der Revolution, sagte Negm, die besten Erfindungen des 20. Jahrhunderts seien Mobiltelefon und Viagra. Kommunikation ist eben fast alles.

An der Uni in Kairo haben wir in den 1990er Jahren seine revolutionären Lieder in die Unterrichtsräume geschmuggelt. So scharf und so hemmungslos ist seine Sprache. Auch nach dem Ausbruch der Revolution in Ägypten haben wir auf dem Tahrir-Platz Negms Lieder gesungen.

Besonders ein Gedicht kennt jeder: »Baue deine Paläste auf unserem Land weiter. Und das Gefängnis anstelle des Gartens. Lass deine Hunde in den Straßen wüten, und sperre uns in deinen Zellen ein. Und hindere uns daran zu schlafen, denn wir schliefen mehr als genug. Nun kennen wir die Ursache unserer Wunden. Nun sind wir uns begegnet, nun kennen wir uns gegenseitig, Arbeiter, Bauern und Studenten. Unsere Stunde hat geschlagen, unser Weg hat begonnen, und es gibt kein Zurück mehr, denn der Sieg ist uns näher als unsere Augen, der Sieg ist bereits in unseren Händen.«

Was wie ein Lied klingt, das eigens für diese Revolution geschrieben wurde, ist in Wirklichkeit ein altes Gedicht von Negm, das er für eine andere Revolution geschrieben hatte.

Im Januar 1972 kam es in Kairo zu einer Studentenrevolte, von der heute selbst viele Ägypter nichts wissen. Aus dem Gefängnis schrieb Negm dieses Gedicht, um die jungen Menschen zu ermuntern, gegen die Alleinherrschaft von Präsident Sadat zu demonstrieren. Der Studentenprotest in der Vor-Facebook-Ära erreichte nur einige tausend Menschen. Dadurch waren Initiatoren und Organisatoren der Revolte leicht identifizierbar. Viele von ihnen wurden verhaftet, und der Aufstand wurde im Keim erstickt. Im Januar 2011 waren es Millionen Ägypter, die überall im Lande auf die Straße gingen. Dank Facebook, Youtube und Twitter war die Kommunikation nicht nur schneller, sondern auch effektiver. Es gab eine Gleichzeitigkeit von Bild und Ereignis. Aber das Internet war nicht nur ein Kommunikationsmittel für die jungen Ägypter, sondern auch ein Instrument der Befreiung vom offiziellen Wissen, das ihnen durch staatliche Medien und Schulen vermittelt wurde. Das Internet ist ein Fenster, das diesen jungen Menschen den Blick in die Welt er-

öffnete. Man könnte die Wirkung des Internets auf die
arabische Welt mit der Wirkung des Buchdrucks auf
Europa vergleichen. Der Druck hob das Monopol der
Kirche auf Bibel und Texte allgemein auf und setzte
eine Privatisierung des Wissens und somit eine Bil-
dungsrevolution in Gang. Das Osmanische Reich
lehnte die westliche Technik ab. Sie erreichte erst rund
300 Jahre nach ihrer Erfindung durch Gutenberg gegen den Widerstand der Kalligraphen, Kopisten und
Religionsgelehrten Konstantinopel. Man hatte Angst,
verfälschte Koranausgaben könnten in Umlauf kommen. Mit dem Feldzug Napoleons 1798 kam die erste
Druckmaschine nach Ägypten. Religiöse Schriften
blieben zunächst vom Druck ausgeschlossen. Diese
300 Jahre sind genau der Zeitraum, der die arabische
Welt geistig und wissenschaftlich von Europa trennt.
Gegen Gutenbergs Erfindung konnten sich Muslime
drei Jahrhunderte lang wehren, doch die Erfindung
von Zuckerberg wurde gleichzeitig im Westen und im
Orient eingeführt. Der Westen hat Facebook erfun-
den, die Ägypter und die Tunesier haben diese Erfindung sofort umarmt und ihr Leben damit verändert.
Keiner von ihnen hat das Privileg, sich über die Datenschutzlücken zu beschweren, denn ihr Verständnis
von Freiheit ist viel existenzieller als das derer, die in
einer Kultur der Bedenken sozialisiert wurden. Einige
religiöse Gelehrte stehen zwar den sozialen Medien
und dem Internet insgesamt skeptisch gegenüber,
doch sie konnten die jungen Menschen diesmal nicht
daran hindern, auf der Höhe der Zeit zu sein.

Der zweite Künstler, der die Revolution vorausahnte, ist der ägyptische Filmemacher Khalid Youssef. In seinem 2008 gedrehten Film »hiyya fawda?« (»Ist es Chaos?«) erzählt er die Geschichte eines gottähnlichen Polizisten, der die Bewohner eines Viertels schikaniert, erpresst und demütigt, bis die Menschen eines Tages seine Willkür und Ungerechtigkeit nicht mehr ertragen. Sie marschieren zur Polizeistation, umzingeln sie und rufen gegen den übermächtigen Polizisten. Isoliert und fassungslos begeht der Tyrann Selbstmord.

Aus diesem Polizisten sind 1,4 Millionen geworden, die das Regime Mubaraks schützen sollten, und aus dem kleinen Mob sind viele Millionen Ägypter geworden, die zwischen dem 25. Januar und dem 11. Februar auf die Straße gingen, um der Ungerechtigkeit der Polizei ein Ende zu bereiten. Der Regisseur dieses Films war einer der Demonstranten auf dem Tahrir-Platz und einer derjenigen, die die Menschenkette um das Ägyptische Museum am 28. Januar bildeten.

Die französischen Statistiker Youssef Courbage und Emmanuel Todd ahnen in ihrem 2008 erschienenen Buch »Rendez-Vous des Civilisations«, dass der islamischen Welt massive Veränderungen bevorstehen. Aber erst der deutsche Übersetzer des Buches schaffte durch seine Wortwahl die Prophezeiung »Die unaufhaltsame Revolution. Wie die Werte der Moderne die islamische Welt verändern«. Die Autoren beschäftigen sich nicht mit dem Einfluss des Internets, der neuen Medien und der westlichen Konsumgüter auf junge

Muslime, sondern analysieren lediglich die Geburten-
raten innerhalb der islamischen Welt. Sie stellen fest,
dass zwei Prozesse parallel ablaufen, die eine soziale
Dynamik in den islamischen Gesellschaften hervorbringen: Die muslimischen Frauen sind heute gebilde-
ter, und deshalb bringen sie weniger Kinder zur Welt.
Bekam eine muslimische Frau 1975 im Schnitt 6,8 Kinder, so waren es 2005 nur 3,7. In Tunesien soll die Geburtenrate sogar auf das Niveau von Frankreich abge-
sunken sein. Diese Alphabetisierung der Frauen sorgt
für eine Störung der traditionellen Gleichgewichte
und der Familienstrukturen. Da, wo Frauen lesen und
schreiben können, geht die Geburtenrate unabhängig
von der wirtschaftlichen Entwicklung zurück.

Allerdings bringt der Geburtenrückgang für eine
Kultur eine Identitätskrise oder eine Art kollektive
Depression mit sich. Courbage und Todd stellen einen
direkten Zusammenhang zwischen demographischer
Entwicklung und Zusammenbruch der Religiosität
her, und das nicht nur im Fall des Islam. So war der
Glaubensverlust eine unmittelbare Folge des Geburten-
rückgangs in Westeuropa, Russland und China. Im
Falle des Islam ist der Rückgang der Religiosität
nicht – wie es beim Katholizismus der Fall ist – die
Voraussetzung für die demographische Modernisierung, sondern umgekehrt, denn der Islam ist prinzipi-
ell nicht gegen Verhütung.

Den Vormarsch des Islamismus sehen Courbage
und Todd als nur eine »augenblickliche Bewegung«
und nicht als das Ende der islamischen Geschichte. Sie
deuten den Fundamentalismus als vorübergehende

Notwehr eines in »Bedrängnis geratenen Glaubens, der seine Verfechter auf den Plan ruft«. Was die beiden Statistiker außer Acht lassen, ist, dass der Fundamentalismus kein modernes Phänomen, sondern eine immer wiederkehrende Strategie der Muslime ist. Allerdings stimmt ihre Einschätzung, dass das Problem des heutigen Islam als eine Krise des Übergangs zu verstehen ist, denn auch Ende des 19. Jahrhunderts zeigte die Modernisierung der europäischen Gesellschaften ihre Schattenseiten. Mit der Alphabetisierung der Massen und der Schärfung ihres Bewusstseins gehen stets soziale Turbulenzen und massive psychische Störungen einher. Der französische Soziologe Emile Durkheim stellte im Jahr 1897 einen direkten Zusammenhang zwischen der steigenden Selbstmordrate und der zunehmenden Alphabetisierung der französischen Bevölkerung her. Auch im heutigen China und Indien kann der Zusammenhang zwischen Suizid und Wirtschaftswachstum beobachtet werden.

Fakt ist: Eine neue arabische Mittelschicht ist erwachsen geworden. Diese Mittelschicht ist nicht per se zufriedener als die Unterschicht. Im Gegenteil: Früher, als die meisten Menschen in den arabischen Staaten viel ärmer waren, war keine Unzufriedenheit mit den Lebensumständen spürbar. Man blickte sich um und sah, dass es den anderen genauso ging. Heute sind die Schichten auseinandergedriftet, und die Mittelschicht vergleicht sich nicht nur mit der Oberschicht im eigenen Land, sondern auch mit der im Westen.

Durch die Globalisierung und die Informationsrevolution beobachten die jungen Araber, wie demokratische Prozesse in anderen Ländern ablaufen. Einer der größten Impulse für die jungen Araber war die Wahl von Barack Obama zum ersten schwarzen Präsidenten der Vereinigten Staaten von Amerika. Obwohl viele von ihnen Amerika als Feind der islamischen Welt sehen, verfolgten sie die Wahl mit Begeisterung und fragten sich, weshalb es in den USA eine Demokratie gebe und in den islamischen Staaten nicht. Warum darf der Sohn eines kenianischen Einwanderers mit dem muslimischen Mittelnamen Hussein in Amerika sozial und politisch bis ins höchste Amt des Landes aufsteigen, während ein auch nur bescheidener Aufstieg der Mehrheit der Bevölkerung in der arabischen Welt vorenthalten wird? Warum durften die Amerikaner fünf Präsidenten wählen und abwählen – während der ägyptische Präsident über drei Jahrzehnte hinweg immer Husni Mubarak hieß? Diese kritische Haltung ist dem Internet und den internationalen Medien zu verdanken, denn weder in den Schulen und Universitäten noch in den staatlichen Medien wird über die Entwicklung der Demokratie im Westen berichtet. Man konzentriert sich auf die negativen, konfliktbeladenen Seiten des Westens. Er wird stur in Zusammenhang mit den Kreuzzügen, dem Kolonialismus und der Besatzung des Irak gebracht, um eine Mauer zwischen den jungen Arabern und den demokratischen Systemen zu errichten.

Da ich mit Menschen unterschiedlicher Nationalitäten und Religionen zumindest auf Facebook befreundet bin, kommt es nicht selten vor, dass Deutsche, Araber, Israelis, Türken, Amerikaner und Iraner sich dort heftig über meine Links und Diskussionsanstöße streiten. Es ist wunderbar, dass sich hier Menschen treffen, die sich sonst im analogen Raum nie begegnen würden. Die digitale Revolution schafft es, ein paar Steine aus der Mauer zwischen den Kulturen zu brechen. Gefallen ist diese Mauer aber leider noch nicht, denn es gibt andere, die kräftig daran arbeiten, diese Löcher nicht nur zu schließen, sondern die Mauer sogar zu erhöhen. Aber sogar Videospiele können einen Beitrag zur Einpflanzung demokratischen Bewusstseins leisten. In Ägypten war ein Spiel beliebt, das »Herrschaft« heißt. Dort übernimmt der Spieler die Verantwortung für den Staat und muss Aufgaben lösen wie »Wie verhältst du dich, wenn ein Generalstreik das Land lähmt?«. Der virtuelle Herrscher hat die Option, sich wie ein Demokrat zu verhalten, der mit den Organisatoren des Streiks verhandelt, und einmal wie ein Diktator, der den Streik brutal niederschlägt. Dies macht junge Menschen automatisch empfänglich für Demokratie. Aber es ist wichtig zu betonen, dass nur zwischen 20 und 25 Prozent der jungen Araber Zugang zum Internet haben, und nicht alle von ihnen spielen das Demokratie-Spiel dort.

Die Einschätzung der französischen Statistiker Todd und Courbage bleibt nachvollziehbar, dass Alphabetisierung und Modernisierung auf eine Gesellschaft destabilisierend wirken und politische Umwälzungen mit sich bringen, wie die Revolutionen in England, Frankreich und Russland zeigen. Auch in Indonesien brachte die Bildung breiterer Bevölkerungsschichten erst heftige Gewaltausbrüche mit sich, bevor es zu einer Demokratisierung kam. Denn Söhne, die lesen und schreiben können, akzeptieren oft die Autorität ihrer Eltern nicht und wollen ihren eigenen Weg gehen. Für muslimische Frauen gilt das allerdings leider noch nicht, auch nach der Revolution nicht. In meinem letzten Buch »Der Untergang der islamischen Welt« ging ich mit dieser Studie kritisch um, und das tue ich heute noch. Denn es kommt nicht nur auf die Alphabetisierung an, sondern auch darauf, was die jungen Menschen lesen. Es geht nicht nur darum, dass sie eine Stimme bekommen, sondern was sie aus dieser Stimme machen. Alphabetisierte Muslime haben auch Zugang zum Korantext, was früher nur Gelehrten vorbehalten war, aber sie verfügen nicht über das nötige analytische Denken, das sie gegen die Tyrannei der Dogmen und die Demagogie der radikalen Gruppen schützt. Gleichzeitig ist diese junge Generation den Verführungen der Moderne und des Konsums wie keine andere ausgeliefert. Die Gleichzeitigkeit von Radikalisierung und Verwestlichung verschärft die Schizophrenie und höhlt die arabische Welt von innen her aus.

In der Tat laufen überall in der islamischen Welt Individualisierungsprozesse ab. Die Söhne befreien sich vom Mainstream-Islam ihrer Eltern, der die Autorität verherrlicht. Aber welche Alternativen finden die jungen Männer auf dem Markt des Glaubens und der Ideologien? Da sie kaum zivilgesellschaftliche Strukturen vorfinden, landen sie oft bei extremistischen Gruppen, die den Islam als eine Revolution sehen, aber keine Revolution gegen das alte Denken, sondern gegen die Ungläubigen.

Früher gab es in den arabischen Gesellschaften einen ungeschriebenen Pakt zwischen der Gemeinschaft und dem Individuum: Du opferst deine Individualität, befolgst unsere Regeln und Sitten, dann bekommst du von uns als Belohnung dafür Anerkennung, wirtschaftliche Unterstützung, eine Gattin oder einen Gatten und gegebenenfalls einen Job auf dem Feld oder im Familiengeschäft. In der heutigen globalisierten Welt funktioniert dieser Pakt nicht mehr. Die Gemeinschaft kann ihr Versprechen an die Einzelnen nicht mehr einhalten. Die sozialen und wirtschaftlichen Strukturen der Länder drängen die jungen Männer und gelegentlich auch die jungen Frauen dazu, sich abzukapseln und nach individuellen Lösungen für sich zu suchen. Migration, religiöser Extremismus und Revolten können Folgen eines unkontrollierten Individualisierungsprozesses sein. Und, negativer noch, das Zusammenbrechen alter Strukturen kann durchaus auch zur Freisetzung von kriminellen Energien und zu Anarchismus führen.

Wie Mubarak war auch Tunesiens Ex-Diktator Ben Ali ein Offizier der Armee. Er besuchte die französische Militärakademie in Saint-Cyr und die US Army Intelligence School in Fort Holabird in Maryland. Nach einem Militärputsch gegen Machthaber Bourguiba 1987 wurde er Präsident Tunesiens. Aus Angst davor, dass er auf die gleiche Art und Weise aus dem Amt gejagt würde, ließ er die Armee bei 30 000 Mann

stagnieren und rüstete sie kaum auf. Dafür stockte er
die Polizei auf rund 600 000 Mann auf und räumte ihr
sämtliche Privilegien ein. Die Polizei schirmte ihn ab
und garantierte 23 Jahre lang seine absolute Herrschaft. Dennoch war es die kleine Armee, die ihn unter Druck setzte, das Land am 14. Januar zu verlassen.
Als der Generalstabschef der Armee es ablehnte, auf
Befehl Ben Alis auf Demonstranten zu schießen, begann ein Riss zu wachsen. Am Tag des Abdankens ließ
die Armee Ben Ali wissen, dass der tunesische Luft-
raum nur noch drei Stunden offen sein würde, danach
könne er das Land nicht mehr verlassen.

Obwohl es sich mit Ägypten und Tunesien um zwei
Polizeistaaten handelte und ein Auslöser der Revolte
da wie dort der Tod eines jungen Mannes war, der unter der Willkür der Polizei zu leiden hatte, unterscheiden sich beide Länder und beide Revolutionen doch
sehr. Tunesien ist ein Land mit zehn Millionen Ein-
wohnern und einem hohen Bildungsniveau, in dem
die Religion kaum eine Rolle im öffentlichen und politischen Diskurs spielt. Während Husni Mubarak,
wie seine Vorgänger, die religiösen Institutionen und
die religiöse Bildung nutzte, um seine Macht zu legitimieren und für Loyalität unter der Bevölkerung zu
werben, schränkte Ben Ali in bester französischer lai-
zistischer Tradition die religiöse Erziehung ein und
gestattete religiösen Organisationen kaum öffentliche
Auftritte. Moscheen mussten innerhalb von 30 Minuten nach dem Ende des Gebets wieder schließen, um
keine Orte von Diskussionen zu werden. Gebete auf
offener Straße wurden ganz verboten. Phänomene wie

die Massenverschleierung von Frauen in Ägypten sind in Tunesien kaum erkennbar.

Trotz aller Unterschiede ähneln sich Ägypten und Tunesien doch im Umgang mit der Macht der beiden Diktatoren und in der Dekadenz der herrschenden Eliten. Auch wenn der Tod von Bouazizi und Khalid Said eine wichtige Rolle für den Ausbruch der Revolte gespielt hat, so ist für die arabische Revolution die Unzufriedenheit der Bevölkerung mit Korruption und Machtmissbrauch maßgebend. Die Unruhen in Tunesien begannen, knapp drei Monate nachdem Wikileaks geheime US-Dokumente über den dekadenten Lebensstil des tunesischen Diktators und seiner Ehefrau veröffentlicht hatte; das war kein Zufall. In Ägypten sorgten Enthüllungen über Fälle von Machtmissbrauch in den Kreisen der Familie Mubarak seit Jahren für Unmut. Dies machte allerdings nicht Wikileaks, sondern Al-Dschasira öffentlich. Es ist seit Jahren bekannt, dass Mubaraks ältester Sohn Alaa seine Finger in fast allen wichtigen Wirtschaftsprojekten des Landes hat. Investoren soll er oft gedrängt haben, ihn als Geschäftspartner anzunehmen, obwohl er sich nie finanziell an deren Projekten beteiligt. Über ihn erzählt man sich diesen bitteren Witz: Ein armer Mann findet in der Wüste die Wunderlampe von Aladin und reibt daran, bis der Dämon aus der Lampe herauskommt. Kurz danach kommt aus der Lampe ein weiterer, gut gekleideter Mann. Der Dämon stellt ihn als Alaa Mubarak vor, seinen Partner in der Lampe, und warnt den Armen, sich genau zu überlegen, was er sich wünsche, denn Mubaraks Sohn wird sofort die Hälfte davon gehören. Das Gleiche gilt für die Kinder des libyschen Diktators Gaddafi, den Sohn von Jemens Salih und den Cousin des syrischen Despoten Assad.

Mubarak saß 1981 neben Präsident Sadat, als dieser von einem Armeeoffizier umgebracht wurde. Die Angst vor dem Militär führte Mubarak dazu, nicht nur die Polizei als Schutzschild aufzubauen, sondern auch mehrere Sicherheitsapparate, die einander ständig beobachten. Aus dieser Logik heraus entwickelten sich alle arabischen Staaten zu effizienten Polizeistaaten. Da die meisten arabischen Herrscher die Macht geerbt haben oder durch einen Militärputsch nach oben gekommen sind, sind sie zwangsläufig misstrauisch, wenn nicht gar paranoid. Mubaraks erste Amtshandlung war die Ausrufung des Kriegsrechts, das bis zu seiner Entmachtung 2011 nicht aufgehoben wurde.

Als ich in den 1990er Jahren in Kairo studierte, war es beinahe unmöglich, den Namen Mubarak öffentlich auszusprechen. Viele trauten sich nicht einmal im Familienkreis, den Diktator zu kritisieren. Mein Zimmer im Wohnheim wurde mehrmals durchsucht und harmlose religiöse Literatur dabei beschlagnahmt. 2004 war ich zu Forschungszwecken in Syrien. Ich war in Aleppo mit einem Bekannten unterwegs und fragte ihn, ob der syrische Präsident Assad es ernst meine mit den angekündigten Reformen. Der Bekannte schrak zurück und wurde rot. Ängstlich bat er mich, nie wieder die Wörter »Assad« oder »Präsident« in den Mund zu nehmen. »Sag ›unser Onkel‹, wenn es sein muss!« Selbst als wir alleine waren, wollte er nicht über Politik sprechen. »Die Wände haben Ohren«, sagte er.

Die Angst des Herrschers und die Ängste seiner Untertanen schaukeln sich wechselseitig hoch. Meistens sind es die Untertanen, die irgendwann ihre Ängste überwinden und den Despoten vom Thron stoßen, weil dieser in der Logik der Macht und in der Paranoia, diese zu verlieren, gefangen bleibt. Je mächtiger er wird, desto ängstlicher wird er, desto höher steigt die Zahl seiner Opfer, die er auf dem Altar der Macht schlachtet. Die meisten arabischen Diktatoren sind klassische tragische Helden. Alle betraten die politische Bühne als Erlöser und Hoffnungsträger und endeten als Schatten ihrer selbst. Waren es tatsächlich ihre eingeborene Charakterschwäche, Gier und Machtbesessenheit, die aus ihnen brutale Diktatoren machten? Oder waren die Angst, die Gleichgültigkeit und die Herrschaftstreue ihrer Untertanen Zepter, Thron und Krone ihres Peinigers? In Ägypten sagt ein Sprichwort: »Pharao, sag mir, wer dich zum Pharao ernannte?« Der Pharao sprach: »Es gab niemanden, der mir im Wege stand.« Der libanesisch-amerikanische Dichter Gibran formulierte es so: »Die Regierung ist ein Abkommen zwischen dir und mir, und wir beide sind meistens im Irrtum!«

Es liegt in der Natur des Polizeistaates, dass er seinen Bürgern nicht vertraut, deshalb entwickelt er die Methoden der Überwachung und versperrt die Kommunikationswege. Und so setzt das Regime alles auf die Karte des Sicherheitsapparats. Doch wenn aus ir-

gendeinem Grund dieser Apparat fällt, fällt mit ihm
auch das gesamte Regime. Deshalb meine ich, dass
Mubarak nicht am 11. Februar entmachtet wurde,
sondern bereits am 28. Januar, als sich die Polizeieinheiten vom Tahrir-Platz zurückgezogen haben.

Wodurch erhielt nun die Seite »We are all Khalid
Said« auf Facebook ihre entscheidende Rolle? Im Gegensatz zu anderen Oppositionsgruppen, die seit Jahren auch im Internet gegen das Regime Mubaraks
kämpfen wie »Kefaya« und »6. April«, war die Gruppe von »Khalid Said«, die ich früher für amateurhaft
und apolitisch gehalten hatte, am effektivsten, weil sie
sich nicht um alle politischen und sozialen Probleme
Ägyptens kümmerte, sondern sich auf die Willkür der
Polizei konzentrierte. Regelmäßig wurden Videos und
Nachrichten auf der Seite gepostet, die von der Brutalität der Staatsbeamten zeugten. Dies sprach die Mehrheit der Seitenbesucher an, denn fast jeder Ägypter hat
eine unangenehme Erfahrung mit der Polizei gemacht,
ob ein Taxifahrer, der erpresst wird, um »Trinkgeld«
zu bezahlen, ein Straßenverkäufer, der täglich von Polizisten durch die Straßen gejagt wird, oder ein Fuß-
ballfan, der ohne Grund verprügelt wird, während er
vor dem Stadion auf Einlass wartet.

Das Regime meinte, für die frustrierte Bevölkerung
immer wieder ein Ventil schaffen zu müssen. Gelegentlich wurden Demonstrationen genehmigt, um der
Bevölkerung durch inszenierte Wutorgien den Wind
aus den Segeln zu nehmen. Zum ersten Mal durften
die Ägypter aus Solidarität mit den Palästinensern im
Jahre 2000 nach dem Ausbruch der zweiten Intifada

demonstrieren. Immer wieder durften die Ägypter mit staatlicher Duldung, ja sogar mit Wohlwollen, gegen die üblichen Windmühlen auf die Straße gehen: gegen die Israelis, gegen die Amerikaner, gegen die Mohamed-Karikaturen oder gegen einen Wichtigtuer aus Amerika, der ankündigte, öffentlich einen Koran verbrennen zu wollen. Meistens demonstrierten die Ägypter für Themen, die nicht die ihren waren. Aber letztlich waren diese Demonstrationen wohl doch eine gute Übung, denn die Angst vor der Straße nahm ab. In einem Land, in dem es verboten war, dass mehr als fünf Personen auf der Straße miteinander diskutieren, war es ein Traditionsbruch, in großen Zahlen zu demonstrieren. Auf staatlichen Befehl lernten es die Ägypter jedoch. Und irgendwann richtete sich die Wut dann auch gegen die richtige Adresse.

In Libyen begannen die Unruhen ähnlich. Am 17. Februar 2011 kam es zu einer Großdemonstration in Bengasi, nicht weil Mubarak sechs Tage davor gestürzt worden war, sondern weil dieser Tag der fünfte Jahrestag einer Demonstration war, die von Gaddafi brutal niedergeschlagen worden war. Am 17. Februar 2006 hatte Gaddafi eine Demonstration gegen die Mohamed-Karikaturen zugelassen, doch diese wandelte sich bald in eine Revolte gegen den Alleinherrscher Libyens. Im Demonstrationszug liefen Angehörige der 1200 politischen Gefangenen mit, die 1999 nach einer Gefängnisrevolte von Gaddafis Männern liquidiert worden waren. Die Geister, die der kostümierte Mörder rief, wurde er nicht wieder los. Nach dem Erfolg der tunesischen und ägyptischen Protestbewe-

gungen trauten sich die Libyer – dann auch die jemenitischen und syrischen Rebellen – mehr zu und wollten alles.

Der Nachhall der Facebook-Revolution erreichte
sogar China, wo das Regime das soziale Netzwerk
zeitweise sperren musste, bis es seine Fifty Cent Army
aktivieren konnte: Zehntausende Studenten, die Tag
und Nacht im Internet regimefreundliche Kommentare posten und der Öffentlichkeit den Eindruck vermitteln, dass die Mehrheit der Bevölkerung mit der
Arbeit der Regierung zufrieden sei. Eine Taktik, die
nun von den Anhängern der gestürzten Regime in
Ägypten und Tunesien benutzt wird, um den Eindruck zu erwecken, dass die arabische Revolution von
einer Minderheit gesteuert werde und nicht die gesamte Bevölkerung repräsentiere.

Die Medien und die Massen

Wenn wir von der schweigenden Mehrheit sprechen, die eine kritische Masse geworden ist, können wir die Rolle der Medien dabei nicht außer Acht lassen. Meine Ausgangsthese war, dass die Massen in der arabischen Welt nicht auf die Straße gingen, weil es ihnen heute schlechter geht als früher, sondern umgekehrt. Viele Menschen können sich heute mehr leisten als früher, sie konsumieren mehr und sind mobiler geworden. Das schafft jedoch nicht unbedingt mehr Zufriedenheit. Zu den beliebtesten Konsumgütern auch in den arabischen Staaten gehören Fernseher, Computer und Mobiltelefone. Die wirtschaftliche und technologische Entwicklung führte zwangsläufig auch in Nordafrika und im Nahen Osten zur Entstehung neuer Medien und durch die Konkurrenz zur Veränderung der alten. Das bedeutet, dass die Massen heute mehr Medien konsumieren.

Sowohl lokale, oppositionelle Medien als auch die überregionalen Medien wie Al-Dschasira und Al-Arabiya haben eine entscheidende Rolle gespielt bei der zunehmenden Politisierung der Massen in den arabischen Ländern während der letzten anderthalb Jahrzehnte. Alles begann mit der Gründung des arabischen Senders Al-Dschasira im Jahr 1996, der innerhalb von wenigen Jahren in Bezug auf technische Aus-

stattung und Professionalität internationale Standards
erreichte. Aber erst mit dem 11. September 2001 stieg
Al-Dschasira zur Medienweltmacht auf.

Zwar befand sich der Sender schon seit 1994 im
Aufbau, doch der wirkliche Beginn von Al-Dschasira
ist einem Putsch im Haus des Emirs von Katar im Jahr
1995 zu verdanken. Kronprinz Hamad bin Khalifa,
der an der britischen Militärakademie Sandhurst studiert hatte, nahm den eigenen Vater fest und erklärte
sich zum neuen Emir. Er zeigte sich reformorientiert
und wollte die Medienlandschaft umgestalten. Die
Abschaffung des Informationsministeriums und der
Zensurbehörde waren seine ersten Amtshandlungen.
Al-Dschasira sollte ein Prestigeprojekt des Emirs sein
und wurde seit seiner Gründung mit 30 Millionen US-
Dollar jährlich von ihm finanziert. Viele Mitarbeiter,
Redakteure und Moderatoren, die nach der Schließung der arabischen Sektion der BBC im Jahr 1994 auf
Jobsuche waren, wurden bei Al-Dschasira aufgenom-
men und trugen dazu bei, dass der neugeborene arabi-
sche Sender mit höchster Fachkompetenz starten
konnte. Das Motto von Al-Dschasira seit dem ersten
Tag ist: Es gibt immer mindestens zwei Meinungen.

Heute verfügt Al-Dschasira über Büros und Korrespondenten in aller Welt. Der Sender präsentierte neue
Formate, mit denen die arabischen Zuschauer nicht
vertraut waren. Kontroverse Polit-Talks, zu denen
stets Gäste unterschiedlichster Couleur eingeladen
werden, sind beim Publikum außerordentlich beliebt.
Dieses Konzept von Al-Dschasira machte in der arabischen Welt Schule und war der Beginn einer neuen

Talkshowkultur. Besonders nach dem 11. September und während des Irak-Krieges waren die Diskussionen extrem aufgeheizt. Es kam zu übelsten Beschimpfungen, ja sogar zu Handgreiflichkeiten. Ein populärer Moderator bemerkte während der ägyptischen Revolution: »Unsere Medien sollten sich aufrüsten, um die Peiniger und Diktatoren der arabischen Welt zu stürzen.«

Politisch wie religiös war dem Polit-Talk auf Al-Dschasira kein Thema zu heiß: Irak, Israel, Terrorismus. Pro-Saddam, proamerikanische und sogar proisraelische arabische Gäste kamen zu Wort. Lediglich die Debatte zwischen einem ägyptischen Islamisten und der syrischen Dissidentin Wafaa Sultan brachte den Sender ins Straucheln. Die in Amerika lebende Psychiaterin kritisierte den Koran und den Propheten Mohamed in einer Weise, die viele Zuschauer als beleidigend empfanden. Hier zeigten sich einmal die Grenzen der Toleranz gegenüber der anderen Meinung. Der Sender musste sich bei seinen Zuschauern entschuldigen, und Wafaa Sultan und andere islamkritische Stimmen wurden nicht mehr eingeladen. Außer dem Propheten und dem Emir von Katar war dem Sender nichts heilig. Kein arabisches Regime konnte sich vor Kritik sicher fühlen. Und so entwickelte sich der Emir von Katar zu einem der mächtigsten arabischen Führer, obwohl er nur der Herrscher über 600 000 Untertanen ist.

Trotz der großen Beliebtheit, derer sich der Sender unter den arabischen Völkern erfreut, kann er sich nicht alleine finanzieren. Die arabischen Firmen, vor

allem am Golf, schalten keine Werbung bei Al-
Dschasira, da die meisten arabischen Herrscher den
Sender als feindselig einstufen. Oft wurden Korrespondenten von Al-Dschasira aus Algerien, Ägypten,
Jordanien oder Tunesien hinausgeworfen und die Büros des Senders immer wieder geschlossen. Besonders
in Syrien stehen die Mitarbeiter von Al-Dschasira unter strenger Beobachtung des Regimes.

Al-Dschasira hatte als einziger Sender ein Büro in
Afghanistan und berichtete live über den Krieg nach
dem 11. September. Die exklusive Ausstrahlung der
Botschaften von Bin Laden und die Veröffentlichung
von Bildern der zivilen Opfer der amerikanischen
Luftangriffe in Afghanistan haben den Sender in der
arabischen Welt noch beliebter gemacht. Im Westen
betrachtet man ihn mit gemischten Gefühlen. Zum
einen bewundert man die rasante Entwicklung des
arabischen Senders, zum anderen befürchtet man, dass
er sich langsam, aber sicher zum Sprachrohr des internationalen Terrorismus und antiwestlicher Rhetorik
entwickelt.

Der Aufstieg von Al-Dschasira veranlasste arabische Geschäftsleute, ähnliche Experimente zu wagen.
Gab es vor dem 11. September 2001 nur zehn arabische
Satellitensender, die weltweit zu empfangen waren,
sind es bis zum Ausbruch der arabischen Revolution
über 700, von denen 474 gebührenfrei zu empfangen
sind. Viele dieser Sender orientieren sich an Al-
Dschasira und kopierten sogar einige Talk-Formate
des umstrittenen katarischen Senders. Darunter ist der
saudische Sender Al-Arabiya, der seit März 2003 zu-

nächst von Kairo, dann von Dubai aus sendet. Der Besitzer des Senders, Walid Al-Ibrahimi, ein Schwager des saudischen Königs, vergleicht den Konkurrenten Al-Dschasira mit dem amerikanischen Sender Fox, einem populistischen Murdoch-Kanal, während er Al-Arabiya und dessen vermeintliche Sachlichkeit und Neutralität als das arabische Pendant zu CNN bezeichnet. Diese Neutralität manifestiert sich in den Begriffen, mit denen der Sender die Konflikte in der Region beschreibt. So redet man nicht von einer amerikanischen Invasion des Irak, wie es Al-Dschasira tut, sondern einfach von amerikanischen Truppen. Auch die israelischen Militäraktionen in Gaza werden bei Al-Arabiya als »Operationen« bezeichnet, nicht als »Aggression«, wie auf Al-Dschasira. Die palästinensischen Opfer solcher Operationen sind bei Al-Dschasira »Märtyrer«, während Al-Arabiya sie »Tote« nennt. Diese Begriffe vermeidet übrigens die englische Version von Al-Dschasira, die viel professioneller und neutraler ist als die arabische. Es handelt sich eigentlich um zwei völlig unterschiedliche Sender, die nur den Namen zu teilen scheinen. Die englische Version von Al-Dschasira ist eher mit CNN zu vergleichen.

Verschwörungstheoretiker messen dem Zeitpunkt der Gründung des saudischen Senders Al-Arabiya Bedeutung bei, da der Sender am 3. März 2003 auf Sendung ging, keine drei Wochen bevor George Bush seine Truppen in den Irak schickte, um Saddam Hussein zu stürzen. Während des Krieges war auf Al-Arabiya ein klarer pro-amerikanischer Unterton zu hören. George Bush, der oft in den arabischen Medien kritisiert wurde, wurde bei Al-Arabiya, zumindest in den ersten Tagen des Krieges, fast wie ein Befreier des irakischen Volkes gefeiert. Deshalb hält sich auch die Popularität von Al-Arabiya auf den arabischen Straßen bis heute in Grenzen. Laut einer Umfrage des amerikanischen Forschungsinstituts Zogby sehen zwar viele Araber den Sender regelmäßig, aber nur neun Prozent aller arabischen Zuschauer beziehen ihre erste Information durch ihn, während Al-Dschasira nach wie vor mit 53 Prozent weit vorn liegt.

Der Erfolg von Al-Dschasira und Al-Arabiya setzte die Diktatoren in der arabischen Welt von Anfang an unter Druck. In der Folgezeit genehmigten einige Machthaber die Entstehung von privaten Sendern und Zeitungen in ihren Ländern. So wurde in Ägypten 2005 ein neues Mediengesetz verabschiedet, das oppositionelle Zeitungen und private Satellitensender zuließ. Diese scheuten sich am Anfang zwar, das Regime direkt zu kritisieren, aber sie trugen dazu bei, dass sich eine neue Streit- und Debattenkultur in Ägypten etablierte. Von dieser neuen relativen Freiheit profitierte allerdings am meisten die salafistische Bewegung, die mit zwei Sendern, Al-Rahma und Al-Naas, überwiegend mit saudischen Geldern finanziert, in wenigen Jahren überall in der arabischen Welt rückständiges orthodoxes Gedankengut verbreitete. Toleriert wurden die Sender nur, obwohl sie gegen religiöse Minderheiten hetzten, weil sie lediglich missionarische Botschaften sendeten und keine Kritik an den Machthabern übten.

Spätestens mit der Einführung von YouTube und

später Facebook sowie der Etablierung einer Blogger-Szene sahen sich die nichtreligiösen Satellitensender gezwungen, die Themen, die in den Blogs diskutiert werden, wie Folter und Korruption, auch in ihre Sendungen aufzunehmen. Das trug zur Politisierung breiter Schichten bei, die sonst keinen Internetzugang haben. Während nur zehn Prozent aller Ägypter als regelmäßige Internetnutzer gelten, verfügen 68 Prozent aller Haushalte über einen Fernseher. In Libyen liegt die Anzahl der Internetnutzer unter fünf Prozent, während in Tunesien zwischen 25 und 35 Prozent der Menschen online sind. Aber die Reichweite dieser neuen ist durch die Wechselwirkung mit den traditionellen Medien natürlich viel größer. Tunesien ist das beste Beispiel dafür.

Die Revolution in Tunesien verschliefen sowohl die westlichen als auch die traditionellen arabischen Medien. Die ersten Protestaktionen in Sidi Bouzeid, dem Heimatort von Mohamed Bouazizi, der sich selbst verbrannte, blieben weitgehend im Verborgenen, bis die tunesische Bloggerin Lina Mhenni ein Video über den Fall via Facebook in Umlauf brachte. Die internationalen Medien nahmen vom Aufstand erst dann Kenntnis, als die Demonstrationen, die in den ersten beiden Wochen hauptsächlich in den Provinzstädten Bizerte, Gasserine, Sfax, Jandouba, Baja, Hammamet und Nabeul stattfanden, endlich die Hauptstadt Tunis erreichten. Als die Demonstranten die Straße Bourguiba betraten und vor dem Innenministerium demonstrierten, war klar, dass es sich um eine ernstzunehmende Bewegung handelte. Trotzdem waren fast

alle Berichterstatter überfordert und wussten nicht
genau, wie sie diese Protestaktionen einordnen sollten. Dass in Tunesien seit 24 Jahren ein Diktator
herrscht, schien viele »Nahostexperten« zu überra-
schen. Überhaupt, dass die Proteste in Tunesien los-
gingen, wo die Wirtschaft und das Bildungssystem
viel besser zu funktionieren scheinen als in den meisten arabischen Staaten, rief bei den meisten Beobach-
tern Staunen hervor.

Alles begann mit einer Aufnahme durch eine Han-
dykamera des Cousins von Bouazizi, die die Bloggerin Lina auf Facebook postete. Al-Dschasira nahm
davon Notiz und eröffnete den Kampf gegen Ben Ali.
Aber Al-Dschasira verließ sich dabei fast ausschließlich auf Berichte und Videos, die tunesische Aktivisten
auf Facebook oder in den Blogs über die Entwicklung
der Protestaktionen und die Brutalität der Polizei ver-
öffentlichten. In Tunesien, wo die Zensur viel schlim-
mer war als in Ägypten, galt Al-Dschasira in der Bevölkerung als die einzige zuverlässige arabische Infor-
mationsquelle. Al-Dschasira war gleichsam der
verlängerte Arm der neuen Medien. Ben Ali war das
ein Dorn im Auge, denn das machte die Propaganda
seiner staatlichen Medien beinahe überflüssig.

Die große mediale Sympathiewelle, welche die Demonstranten auf dem Tahrir-Platz einige Wochen später erreichte, blieb den tunesischen Aufständischen
zunächst vorenthalten. Fast wie immer war es Al-
Dschasira, das die Dimension zuerst erkannte und regelmäßige Berichterstattung anbot. Die westlichen
Medien, mit Ausnahme der französischen, blieben zu-

nächst auf Distanz. Erst nach der zweiten Ansprache von Präsident Ben Ali, in der er extrem verunsichert wirkte, war in den westlichen Medien von der »Jasmin-Revolution« die Rede.

Die Berichterstattung von Al-Dschasira über Tunesien bewegte die Blogger und Facebook-Aktivisten in Ägypten, von einer Revolution im eigenen Land zu träumen. Zehn Tage nach dem Sturz Ben Alis gingen auch die Ägypter auf die Straße. Das Motto der ägyptischen Revolution, »Brot, Freiheit, Menschenwürde«, wurde bereits am ersten Tag um den Slogan »Das Volk will das Regime stürzen« ergänzt. Diese Parole hatten die Ägypter von den Tunesiern übernommen. Sie machte nur deshalb die Runde, weil ein tunesischer Demonstrant ein Video von einer Demonstration aufgenommen und auf Facebook gepostet hatte, das Al-Dschasira später in die arabische Welt ausstrahlte.

Die ägyptische Revolution ist quasi die erste Revolution der Geschichte, die von der ersten Minute an live übertragen wurde. 18 Tage lang waren die Geschehnisse auf dem Tahrir-Platz die Hauptnachricht in allen arabischen und westlichen Nachrichtensendern und das zentrale Thema der Feuilletons. Doch die Lesart der Ereignisse und die Analyse variierten – nicht nur zwischen den westlichen und arabischen Medien. Die ägyptischen Staatsmedien berichteten von wenigen tausend Demonstranten, die von ausländischen Sponsoren angestiftet worden seien, die Stabilität Ägyptens zu gefährden. Die staatlichen ägyptischen Medien konnten sich aber nicht einigen, ob es sich dabei um amerikanische, israelische oder iranische Agenten handelte, die den Demonstranten zur Seite standen. Zum einen riefen die Staatssender die Bürger dazu auf, jeden Ausländer auf dem oder um den Tahrir-Platz festzunehmen und der Armee zu übergeben. Gleichzeitig beklagten sie sich aber darüber, dass die Demonstrationen die Touristen davon abhielten, nach Ägypten zu kommen, was fatale Konsequenzen für die ägyptische Wirtschaft haben könnte. Um die Glaubwürdigkeit der Demonstranten in der Bevölkerung zu beschädigen, veröffentlichte ein Fernsehsender ein Interview mit einer Frau, die angeblich Mitglied der Oppositionsgruppe »Jugend des 6. April« war. Sie berichtete davon, dass sie mit einigen Mitgliedern der Bewegung in Amerika durch jüdische Ausbilder finanziert, unterrichtet und auf die Demonstrationen vorbereitet worden seien. Aber die Frau, die ihr Gesicht nicht zeigen wollte, habe nun ein schlechtes Gewissen bekommen und mache sich Sorgen um ihr Land, denn diese Demonstranten führten Ägypten ins Chaos. Später stellte sich heraus, dass es sich bei der Aktivistin lediglich um eine schlecht ausgebildete Mitarbeiterin des staatlichen Fernsehens handelte.

Ein paar Tage danach erklärte der gleiche Sender das Ende der »Unruhen«. Einmal kehrte ich vom Tahrir-Platz, wo sich gerade Hunderttausende versammelt hatten, in mein Hotel zurück und hörte im ägyptischen Fernsehen, dass Kairo zur Normalität zurückkehre. Man zeigte dabei ein angebliches Livebild von einer Brücke, auf der weder Menschen noch Autos zu sehen waren. Ich schüttelte den Kopf und dachte, dass

ich selbst in Zeiten der Normalität in Kairo nie eine
leere Brücke um zehn Uhr abends gesehen habe. Ähnlich verhielten sich die staatlichen Medien in Libyen,
Jemen und Syrien. Die Warnung vor Al-Qaida, vor
israelischer und vor amerikanischer Manipulation sowie die Diffamierung der Aufständischen und die
Infragestellung ihrer Motive dominierten die Berichterstattung. In jedem Land suchte das Regime die Unterstützung beliebter Schauspieler und Fußballer, um
die Straße zu beruhigen. Diese vergossen auch brav
Tränen über die chaotischen Zustände und baten die
Menschen, wieder nach Hause zu gehen.

Da Mubarak gute Beziehungen zum saudischen
Königshaus pflegte, versuchte der saudische Sender
Al-Arabiya zwar, unter dem Vorwand der Professionalität und Neutralität, die ägyptische Revolution
nicht zu verschweigen, aber doch die Dimension her-
unterzuspielen. Auch hier konzentrierte man sich auf
die Angst vor Chaos und Gewalt und die Darstellung
der Reformangebote Mubaraks. Der Sender wurde in
den heißen Tagen im Januar und Februar 2011 eine zusätzliche Propagandaplattform für das herrschende
Regime. Der Administrator der Seite »Khalid Said«,
Wael Ghoneim, kritisierte Al-Arabiya für seine Berichterstattung über die Revolution als tendenziös, irreführend und unprofessionell.

Anders verhielt sich Al-Dschasira. Aber das war
nicht anders zu erwarten. Seit Jahren ist die Beziehung
zwischen Mubarak und dem Emir von Katar ange-
spannt. Mubarak gefiel nicht, dass der Emir des kleinen Landes immer versuchte, eine Führungsrolle in

der arabischen Welt zu übernehmen. Nach dem Gaza-
Krieg Ende 2008 wollte der Emir den Gipfel der Arabischen Liga einberufen, um über eine gemeinsame
Linie der Araber zu beraten. Mubarak hielt das Treffen für überflüssig und sagte seine Teilnahme ab. Stattdessen kündigte er sein Erscheinen bei einem kleinen
Treffen der arabischen Führer in Kuwait an. Andere
arabische Führer, die ebenfalls sowohl zum Emir als
auch zu Al-Dschasira ein gespanntes Verhältnis hatten, folgten Mubarak, und der Gipfel von Doha wurde
wenig beachtet. Der Emir war in seiner Ehre gekränkt.
Einige Wochen später startete auf Al-Dschasira eine
große Kampagne über die Korruption von Mubaraks
Regime, über das große Vermögen des ägyptischen
Präsidenten und über seine Pläne, die Macht an seinen
Sohn weiterzugeben.

Als die Demonstrationen in Ägypten Ende Januar
begannen, benutzte Al-Dschasira als erster Sender den
Begriff »Revolution«. Er ließ fast ausschließlich Anhänger der Revolte zu Wort kommen und bediente
sich einer sehr emotionalen Sprache. Die wiederholte
Ausstrahlung bestimmter Bilder und Szenen durch
Al-Dschasira schuf Ikonen des Widerstandes, wie jenen ägyptischen Demonstranten, der sich mutig vor
ein gepanzertes Fahrzeug der Polizei stellte und damit
an die legendären Szenen in Ungarn 1956, Prag 1968
und an den chinesischen Studenten auf dem Platz des
Himmlischen Friedens während der Studentenrevolte
1989 erinnerte.

Sogar Kampflieder, welche die Ägypter zum Rebel-
lieren animieren sollten, wurden regelmäßig auf Al-

Dschasira gesendet. Am 28. Januar verordnete das Regime Mubaraks die Schließung des Büros von Al-Dschasira in Kairo. Der Sender war von da an auch nicht mehr über den ägyptischen Nile-Satelliten zu empfangen. Nach zwei Tagen Pause kehrte Al-Dschasira jedoch auf anderen Frequenzen mit brutalen Bildern zurück, die zeigten, wie die Polizei mit Demonstranten umging. Dies heizte die Stimmung erneut auf. Besonders auffällig war die Überbewertung der Rolle der Muslimbrüder in der Revolution durch Al-Dschasira. Fast zu jeder Sendung war ein Gast aus ihren Reihen geladen, der versuchte, ohne dass ihm der Moderator widersprach, die Revolution direkt oder indirekt als eine lang geplante Aktion der Muslimbrüder zu interpretieren.

Die westliche Berichterstattung über die arabische Revolution war unterschiedlich. CNN, CBS, BBC und France24, die die Ereignisse in Tunesien verschlafen hatten, umarmten die Revolution in Ägypten von Anfang an. Die Korrespondenten dieser Sender waren jeden Tag auf dem Tahrir-Platz zu sehen, sie verschmolzen beinahe mit den Demonstranten. Besonders nach der »Schlacht des Kamels« stellten sich einige dieser Sender deutlich auf die Seite der Freiheitsbewegung. Während die »Bild«-Zeitung den Angriff auf Demonstranten mit der Schlagzeile »Jetzt gehen die Ägypter aufeinander los« kommentierte und deutsche Nachrichtensender ihre Bedenken über das Umschlagen der Revolution in Gewalt und bürgerkriegsähnliche Zustände kundtaten, gab der CNN-Korrespondent Anderson Cooper seine Neutralität auf, zeigte

sich verärgert über das Vorgehen der Anhänger Mubaraks und warf der ägyptischen Regierung Lügen vor.
Nach dem Sturz Mubaraks bedankten sich ägyptische
Aktivisten bei den Korrespondenten von Al-Dschasira, CNN, BBC, CBC und anderen für ihre Unterstützung mit einem YouTube-Video: »Danke, als Inter-
net- und Telefonleitungen stilllagen, strahlten eure
Bildschirme weiter aus!«

Die westlichen Medien begingen aber den Fehler,
jede weitere Revolte in der arabischen Welt, die der
tunesischen wie der ägyptischen folgte, nach den gleichen Kriterien wie in Ägypten und Tunesien zu beur-
teilen: Die Revolution war für sie per se eine Demokratiebewegung, die Demonstranten waren die Guten
und die Regimes und ihre Anhänger automatisch Verbrecher. Sie mystifizierten die Rolle von Bloggern und
Twitterern und vernachlässigten die normalen Menschen, welche die Mehrzahl der Demonstranten aus-
machten. Kaum war Mubarak aus dem Amt gejagt,
hörte man in den westlichen Medien kaum etwas über
die Entwicklungen in Ägypten. Die Medienmänner
zogen zum nächsten Brennpunkt der arabischen Revolution, nach Libyen. Über die grausamen Zustände
in Syrien hörte man zu dem Zeitpunkt nur gelegentlich etwas. Für den mühsamen und wenig schlagzei-
lenträchtigen, für die Zukunft der arabischen Welt
und auch des Westens aber umso bedeutsameren Prozess der Demokratisierung in Ägypten und Tunesien
interessierte sich kaum mehr jemand. Die quoten- und
bildorientierten Medien mussten über Brennpunkte
berichten, von denen sie dramatische Szenen zeigen

konnten. Und so überforderte man die Zuschauer im
Westen mit vielen Bildern, die diese nicht einordnen
konnten. Bald war von einer Demokratiebewegung
nicht mehr die Rede, und Begriffe wie Konflikt, Kri-
senherd und Pulverfass wurden sehr viel häufiger verwendet als Zivilgesellschaft, Wahlen oder Verfassung.

In Libyen verfolgte Al-Dschasira ein identisches
Konzept wie in Ägypten. Beim letzten Treffen der
Arabischen Liga übernahm der libysche Diktator als
Gastgeber den Sitz des Präsidenten als Nachfolger des
Emirs von Katar. Er begann seine Ansprache damit,
sich über das Übergewicht des Emirs lustig zu ma-
chen. »Das Vakuum, das mein Bruder Hamad hinter-
ließ, kann ich gar nicht füllen. Hamad kann am besten
ein Vakuum füllen, sonst nichts.« Der Eklat hatte
Konsequenzen. Als die Aufständischen im Osten des
Landes ein Jahr später gegen Gaddafi auf die Straße
gingen, war Al-Dschasira vom ersten Tag an auf ihrer
Seite.

Doch als die Revolte Bahrain erreichte, also Katars
Nachbar am Arabischen Golf, wurde die Doppelmo-
ral von Al-Dschasira deutlich. Die Revolte in Bahrain
wurde nicht als Revolution, sondern als Unruhen bezeichnet, die einen religiösen Hintergrund hätten, da
die Mehrheit der Bahrainis Schiiten seien, während
das Königshaus sunnitisch ist. Bilder von Folter und
der Erschießung von Demonstranten wurden zunächst verschwiegen. Eine Verbindung der Rebellen in
Bahrain mit dem schiitischen Regime im Iran wurde
häufig suggeriert, um die Unterstützung für die Rebellen aus dem Westen im Zaum zu halten. Daraufhin

reichten zwei der Urgesteine von Al-Dschasira, der Syrer Faisal al-Qasim und der Tunesier Ghassan Ben Giddo, ihre Kündigung ein. Es ist nur eine Frage der Zeit, bis viele arabische Journalisten und Moderatoren, die für Al-Dschasira und Al-Arabiya arbeiten, nur weil sie in den eigenen Ländern nicht frei berichten dürfen, das Handtuch werfen und in ihre Länder zurückkehren, um dort eigene Sender zu errichten, die von den Petrodollars unabhängig sind. Die Glaubwürdigkeit von Al-Dschasira litt am stärksten, als der Sender Archivbilder, auf denen Soldaten von Saddam Hussein irakische Gefangene folterten, als aktuelle Bilder aus dem Jemen sendete. Ein weiterer Schlag für die Glaubwürdigkeit des katarischen Senders waren Videoaufnahmen, auf denen ein Al-Dschasira-Moderator dem renommierten israelisch-arabischen Kommentator Azmi Bishara vor einer Sendung Anweisungen gab, sich einzig auf Syrien zu konzentrieren und Bahrain, Jordanien und Saudi-Arabien zu ignorieren.

Al-Dschasira und Al-Arabiya haben sicher einen frischen Wind in die arabische Medienlandschaft gebracht, doch beide Sender bleiben gefangen in den Zwängen von Medien, Geld und Politik. Bei beiden Sendern handelt es sich lediglich um eine gutgemachte, sippenhafte Mediendiktatur. Ein Mitarbeiter von Al-Arabiya wollte einmal die Professionalität und Neutralität seines Senders auf die Probe stellen: Der Ägypter Hafiz Al-Mirasi, der früher Chef des Al-Dschasira Büros in Washington war und nun das Büro von Al-Arabiya in Kairo leitete, kündigte nach dem Erfolg der ägyptischen Revolution an, dass er in seiner kommenden Talksendung über die Auswirkungen der tunesischen und ägyptischen Revolutionen auf Saudi-Arabien reden werde. Er verabschiedete sich von seinen Zuschauern mit den Worten »Falls Sie mich in der nächsten Sendung sehen sollten, dann ist Al-Arabiya ein neutraler und unabhängiger Sender. Falls nicht, dann möchte ich mich von Ihnen heute schon verabschieden.« Hafiz Al-Mirasi tauchte nie wieder in einer Sendung von Al-Arabiya auf.

Der 11. September 2001 verhalf Al-Dschasira zu Ruhm, der Irak-Krieg etablierte Al-Arabiya als Konkurrenten. Doch die arabische Revolution könnte der Anfang vom Ende der beiden Sender sein. Früher war der arabische Zuschauer auf Al-Dschasira und Al-Arabiya angewiesen, um der Propagandamaschine der eigenen Staatssender zu entfliehen und sich zu informieren. Heute wächst die Skepsis gegenüber beiden Sendern, weil sie am Ende doch noch in Geist und Logik der Diktatur gefangen sind.

Sollten die Befreiungsbewegungen in Tunesien und Ägypten in eine wirkliche Demokratie münden, werden in diesen Ländern, die über hervorragende Medienmacher und Journalisten verfügen, neue TV-Sender und Zeitungen entstehen, die in der arabischen Welt eine wichtige Rolle spielen werden. Ein Anfang davon ist in Ägypten zu spüren. Wenige Tage nach dem Sturz Mubaraks ging der neue Sender Al-Tahrir, gegründet von einer Gruppe unabhängiger Journalisten, auf Sendung, darunter der beliebte Journalist Ibrahim Eissa, der vor einigen Jahren ins Gefängnis musste, weil er einen Artikel mit dem Titel »Götter

sterben nicht« über den Gesundheitszustand von Mubarak veröffentlicht hatte. Der Sender sollte sowohl
von den Geldern der Geschäftsleute als auch vom
Staat unabhängig bleiben und setzt auf junge Ägypter,
die in den Programmen des Senders auch schon spürbar vertreten sind. Momentan lässt sich der Sender
von einem renommierten Verleger finanzieren, der
sich aber in die Programmpolitik nicht einmischen
darf. Das Besondere an dem Sender ist, dass er keine
Tabus kennt. Er ist fast das einzige Medium, das den
Militärrat heftig kritisiert und ihm sogar Versagen
vorwirft in einer Zeit, in der andere private Sender die
Militärmachthaber ständig loben. Binnen weniger
Wochen erreichte Al-Tahrir traumhafte Einschaltquo-
ten und schlug Al-Dschasira zumindest in Ägypten.
Zahlreiche Werbeverträge sicherten nicht nur die
Existenz des Senders, sondern auch seine Unabhängigkeit. Aus der Erkenntnis heraus, dass eine Demokratie nur mit unabhängigen Medien funktioniert, die
nicht nur »echte« Informationen bringen, sondern
auch als Kontrollinstrument für die Regierung und die
staatlichen Institutionen fungieren, gab sich der neue
Tahrir-Sender das Motto »Das Volk will die Köpfe befreien«.

Die Revolution der Frauen

Der Tahrir-Platz hat seinen Namen einigen gebilde-ten ägyptischen Frauen zu verdanken, die sich vor 90 Jahren demonstrativ den Schleier vom Kopf rissen und zur Befreiung Ägyptens sowohl von der briti-schen als auch von der osmanischen Herrschaft aufrie-fen. Dies geschah Anfang der zwanziger Jahre des letzten Jahrhunderts. Damals sorgte diese Aktion nicht für Empörung, sondern für große Anerkennung der mutigen Frauen, denn die Gesichtsbedeckung galt vielen Ägyptern damals als Symbol der türkischen Herrschaft. Die ägyptische Frauenrechtlerin Huda Scha'arawi, die Klara Zetkin als ihr Vorbild sah, hatte diese Aktion damals initiiert, nicht um zu provozie-ren, sondern um andere Frauen zu ermutigen, sich von niemandem bevormunden zu lassen. Sie wurde für ihre Aktion nicht als Häretikerin oder Provokateurin betrachtet, sondern als Menschenrechtsaktivistin, nach der man eine Straße in Kairo benannte. Heute, über 90 Jahre später, ist eine derartige Aktion auf dem Tahrir-Platz beinahe unvorstellbar.

Aber immerhin umarmte der Tahrir-Platz 18 Tage lang viele verschleierte und unverschleierte Frauen, die neben den Männern für Freiheit kämpften. Beide Geschlechter diskutierten, demonstrierten Seite an Seite und bluteten für ein gemeinsames Ziel. Sie aßen,

diskutierten und übernachteten auf engstem Raum
zusammen.

Im März 2011 traf ich am Rande eines Medienkon-
gresses in Berlin die tunesische Bloggerin Lina Mhenni, die eine zentrale Rolle während der Jasmin-Revolution in Tunesien spielte, auch wenn sie das selbst
immer bestreitet. Die zierliche junge Frau hatte einen
Blog mit dem harmlosen Namen »A tunesian girl«,
der aber eines von vielen effektiven Mitteln gegen die
Zensur war, die das Regime Ben Alis über die Medien
verhängt hatte. Obwohl ihr Freund, selbst Blogger,
von der Polizei entführt und gefoltert wurde, schrieb
sie weiter. Sie initiierte eine Internetkampagne für die
Freilassung ihres Freundes und gegen Folter und Zensur. Auch in der Aufklärung des Selbstmords des Gemüsehändlers Bouazizi spielte Lina Mhenni eine
wichtige Rolle. Als sie von diesem Fall hörte, fuhr sie
sofort in die Stadt Bouazizis und sprach mit den Menschen. Ihre Kommentare und Videos über die Zustände in der Provinz trugen die Flamme in die Hauptstadt. Nach vier Wochen ununterbrochenen Protestie-
rens mussten Ben Ali und seine Frau das Land am
14. Januar 2011 verlassen. Sie suchten und fanden Asyl
bei einem anderen Diktator, dem von Saudi-Arabien.
Die Ironie dieser Geschichte ist, dass Ben Alis Frau
Leila Trabelsi, die das Kopftuch im laizistischen Tunesien vehement bekämpft hatte, nun in Saudi-Arabien
lebt, wo sie ohne Schleier das Haus nicht verlassen
darf.

Für Lina Mhenni war die Revolution mit dem Sturz
des Herrschers aber nicht zu Ende. Mit anderen Frau-

enrechtlerinnen nahm sie einige Wochen später an einer Demonstration teil, um daran zu erinnern, dass die Anhänger des alten Regimes nach wie vor an den Schaltstellen saßen. Doch mitten in der Demonstration brachen mehrere wütende Männer in die Reihen der Frauen ein und beschimpften sie. »Geht zurück in eure Küchen, ihr Huren!« Sie verglichen die demonstrierenden Frauen mit der Frau des geflüchteten Diktators. »Was wollt ihr noch, ihr Hündinnen? Wollt ihr Männer werden?«, riefen sie und wurden dabei sogar handgreiflich.

Nicht nur religiöse Fanatiker hatten etwas dagegen, dass Frauen öffentlich demonstrieren, sondern normale Tunesier. Die Gleichberechtigung von Mann und Frau, die Ben Ali und auch seine Frau gesetzlich garantierten, schien einigen im nachrevolutionären Tunesien nicht mehr willkommen zu sein.

Das ägyptische Pendant zu Lina Mhenni ist Israa Abdel-Fattah, die ich im März in Kairo kennenlernte. Die junge Bloggerin ist die Mitgründerin der Bewegung »6. April«, die an der Seite von »Kahlid Said« auf Facebook für eine große Mobilisierung der Demonstranten während der Revolution, aber auch lange davor verantwortlich war. Israa war eine der ersten Ägypterinnen, die Ende 2007 ein Facebook-Account einrichteten, kurz nachdem das soziale Netzwerk in Ägypten bekannt geworden war. Schon vier Monate später gründete sie die Seite »6. April«, um ihre Solidarität mit den Textilarbeitern in der Stadt Mahala im westlichen Nildelta zu bekräftigen, die einen Streik an diesem Tag ausriefen.

Es ist kein Zufall, dass es sich um den gleichen Tag, den 6. April, handelte, an dem Mahatma Gandhi im Jahre 1930 seinen Marsch gegen das Salzmonopol der Engländer abgeschlossen hatte. Die Idee des gewaltlosen zivilen Ungehorsams kam also nicht von den Internetaktivisten, sondern von den einfachen Textilarbeitern in der Provinz, eine Entwicklung, die viele Oppositionelle und Intellektuelle in Kairo erst nach dem Ausbruch der Januar-Revolution nachvollziehen konnten. Israa nahm das Anliegen der Textilarbeiter auf und rief zu einem landesweiten Generalstreik auf. Ein Novum in der ägyptischen Geschichte. Obwohl sie die rund 77 000 Besucher ihrer Seite am Tag des geplanten Streiks aufrief, konnte Israa am 6. April 2008 ihren Augen kaum trauen: Die Straßen waren fast menschenleer. Nicht nur in Mahala, sondern überall in Ägypten befolgte man den Aufruf zum Streik. »Während ich die leeren Straßen fotografierte, kamen einige Polizisten und fragten mich, ob ich Israa heiße. Als ich bejahte, wurde ich sofort verhaftet.« Der Innenminister persönlich gab den Haftbefehl, wie sie nicht völlig unbescheiden bemerkte.

Als die Jasmin-Revolution Mitte Dezember 2010 in Tunesien ausbrach, verfolgte Israa die Ereignisse via Facebook und knüpfte Kontakte zu tunesischen Aufständischen. Am 25. Januar rief sie die Ägypter auf, nicht zu Hause zu bleiben, sondern in Scharen auf die Straße zu gehen. Sie wollte so viele wie möglich zum Tahrir-Platz mitnehmen, deshalb fing sie im Stadtteil Shubra an, in dem eine große koptische Gemeinde lebt. Sie wollte möglichst viele Kopten gewinnen, mit zum Tahrir-Platz zu kommen. Israa wusste, dass diese noch wütend waren wegen des Anschlags auf eine Kirche in Alexandria Anfang des Jahres. Die Mobilisierung glückte, und es gingen so viele Menschen auf die Straße wie noch nie in der Geschichte des Landes.

Heute sitzt Israa als Mitglied der Jugendunion der Revolution mit den uniformierten Herren der Armee zusammen und verhandelt über die Zukunft Ägyptens. »Wir stehen kurz davor, unser Vertrauen in das militärische Etablissement zu verlieren. Wir verstehen viele Entscheidungen des Militärrats nicht, wir wissen immer noch nicht genau, was sie mit dem Land vorhaben«, sagt sie. »Unser Problem als Jugend, die diese Revolution zustande brachte, ist aber, dass wir nicht in der Lage sind, das Land zu führen. Uns fehlen die Expertise und all die Tricks. Deshalb müssen wir mit ihnen reden.«

Israa weiß, die Lösung kann nicht so aussehen, dass alle Ministerämter nun von jungen Menschen bekleidet werden. Sie hält dies sogar für einen fatalen Fehler, denn viele lauern darauf, dass die jungen Menschen Fehler machen, damit ihre Gegner die Revolution als Irrtum abtun können, um eine neue Legitimation für die Installierung der alten Köpfe zu erhalten. »Unsere Aufgabe darf zu diesem Zeitpunkt nicht die Führung des Landes, sondern das Monitoring der politischen Prozesse sein«, sagt sie lächelnd. Am Tag bevor Israa mit mir redete, saß sie mit der US-Außenministerin Hilary Clinton zusammen, die in Kairo zu Besuch war. Clinton fragte, was die Jugend der Revolution von Amerika erwartet. Israa antwortete: »Transparenz. Mehr wollen wir nicht.«

Israa weiß genau zwischen westlichen Politikern und westlicher Bevölkerung zu unterscheiden. »Wir alle spürten, dass die Bevölkerung in Europa und Amerika mit unserer Revolution sympathisierte. Als Mubarak das Internet lahmlegte, stellten uns westliche Internetaktivisten alternative Internetverbindungen zur Verfügung, damit wir weiter miteinander kommunizieren konnten. Als wir etwas auf Twitter posten wollten, schickten wir ihnen dies per Fax, und sie taten den Rest. Neben mir demonstrierte auf dem Tahrir-Platz eine deutsche Lehrerin, die in Ägypten Deutsch unterrichtet. Sie öffnete ihre Wohnung am Tahrir-Platz für uns. Dort haben wir gegessen und geschlafen. Wir nannten ihre Wohnung das Hauptquartier der Revolution. Sie litt mit uns und freute sich mit uns.« Israa wünscht sich von der eigenen Führung und den westlichen Regierungen, dass sie sich mehr Mühe geben, die Bevölkerung auf beiden Seiten einander näherzubringen, statt die gegenseitigen Feindbilder zu instrumentalisieren.

Als die Revolution in Ägypten ausbrach, dachte ich, dies sei die Revolution einer Generation, die nichts zu verlieren habe. Das war eine falsche Annahme. Denn viele Frauen, die ich auf dem Tahrir-Platz kennenlernte oder deren Geschichten ich las, hatten viel zu verlieren und sind trotzdem auf die Straße gegangen, um für ihre Freiheit zu kämpfen.

Heba ist 30 Jahre alt, verheiratet und hat ein siebenjähriges Kind. Sie arbeitete bis zum 27. Januar als Re-

dakteurin im staatlichen Fernsehen. Sie war verantwortlich für eine beliebte Talksendung namens »Sprich
zu Ägypten«. Sie kündigte ihren Job, als sie Anweisungen bekam, in ihrer Sendung gefälschte Diskussionen zu präsentieren, um die Jugend der Revolution als
Saboteure und ausländische Agenten zu diffamieren.
Ihr Vater ist ein pensionierter Polizeigeneral und hatte
mit Heba großen Ärger, als sie 2007 einen kritischen
Bericht über das Innenministerium in einer Oppositi-
onszeitung veröffentlichte. Damals wurde sie verhaftet und kam nur durch die Beziehungen ihres Vaters
wieder frei. Am 28. Januar lernte ich Heba kennen, als
sie sich um verletzte Demonstranten kümmerte. Während ihr Bruder, der ebenfalls Polizist ist, im Einsatz
gegen die Demonstranten Mubarak verteidigte,
kämpfte seine Schwester auf der anderen Seite, um das
Regime zu stürzen. Der Vater saß an diesem Tag zu
Hause und machte sich Sorgen um beide Kinder.

Die Geschichte der zwanzigjährigen Studentin Ayat
al-Gormezi ist ein Beispiel für die Willkür der Macht
in der arabischen Welt. Nachdem Ayat bei einer Demonstration in Bahrain ein Gedicht gegen König Hamad Ben Eissa vorgetragen hatte, wurde sie verhaftet
und vor ein Militärgericht gestellt. Noch Monate nach
ihrem Verschwinden wusste ihre Familie nicht, wo sie
war. Ein ähnliches Schicksal erfuhr die saudische Aktivistin Manal al-Sharif, als sie sich dem im Königreich
verhängten Fahrverbot für Frauen widersetzte und
den 17. Juni zu dem Tag erklärte, an dem saudische
Frauen im Auto vom Rücksitz auf den Fahrersitz
wechseln sollten.

Als Reaktion auf die Verhaftung von Manal und Ayat schrieb die saudische Dichterin und Journalistin Mariam Abdullah auf ihrem Blog:

»Ich werde die Friedfertigkeit aus meinen Träumen heute Nacht verbannen.
Ich werde Gaddafi erhängen und Assad zu Tode verdursten lassen.
Ich werde Saleh mit einem jemenitischen Dolch köpfen und Bin Eissa von Bahrain als Futter für die Haie ins Arabische Meer werfen.
In meinen Träumen werde ich jenen Mann geißeln, dessen Namen ich laut des neuen Mediengesetzes nicht nennen darf, und werde ihn in ein Wüstengefängnis werfen neben seine fünfzigtausend politischen Gefangenen.
Erst dann kann ich zu einem Morgen erwachen, der für ein Leben taugt.
Erst dann können wir die Betten unserer Kinder vor dem Tod schützen und mit ihnen endlich erwachsen werden.«

Achtzehn Tage war der Tahrir-Platz liebevoll zu Frauen und Männern zugleich, kein Fall von Diebstahl, keine Beschwerde über sexuelle Belästigung. Es war in der Tat eine Utopie, die nicht lange existieren konnte, aber sie wird immer als Erinnerung daran bleiben, wozu die Ägypter fähig sind.
Doch am 18. Tag ereignete sich etwas Schreckliches, das allerdings durch den Rücktritt von Mubarak überschattet wurde und kaum Beachtung fand. Während

die Massen in Freudentaumel gerieten, stand die CBS-Korrespondentin Lara Logan umgeben von vielen jubelnden Männern. Logan schien überfordert und konnte kaum reden. Plötzlich rief einer aus der Masse »Sie ist eine Israelin.« Ein anderer schrie: »Zieht ihr die Unterhose aus!« Sie verlor den Kontakt zu ihrem Kameramann und dem Team. Der Rest ist eine einzige Tragödie, für die es keine Entschuldigung geben kann. Während Zehntausende laut schrien »Erhebe deinen Kopf, du bist Ägypter«, warfen Dutzende ägyptische Männer die südafrikanische Korrespondentin auf den Boden, rissen ihr die Kleidung vom Leib, begrabschten sie überall und vergingen sich an ihr. Eine knappe halbe Stunde lang lag sie unter dem Mob und konnte kaum atmen. Auch dieser Fall zeigt, wozu die Ägypter fähig sind. Eine gefühlte Ewigkeit von 25 Minuten musste die Frau, die sich in all ihren Berichten auf die Seite der Demonstranten gestellt hatte, die Qualen ertragen, bis sie sich beinahe ihrem Schicksal ergeben und sich mit dem Tod abgefunden hatte. Aber sie dachte an ihre beiden Kinder, die ein und zwei Jahre alt sind, und schöpfte neue Kraft, bis einige ägyptische Frauen und Soldaten sie atemlos vom barbarischen Mob erlösten. An diesem Tag und an den Tagen danach sprach kein Mensch über das Schicksal von Logan, denn es war wie das Jüngste Gericht in Ägypten an jenem Tag. Auch Logan konnte anfangs kein Wort dazu sagen. Der Fall wurde in den ägyptischen Medien kaum thematisiert, und bis heute wurde kein Täter zur Rechenschaft gezogen. Erst viel später traute sich Lara Logan, von ihrer Tragödie zu berichten, um anderen Frauen Mut zu machen, die etwas Ähnliches erlebt haben.

Wie ist diese Tragödie zu erklären? Ägypter, die an ihrer Utopie des Tahrir-Platzes festzuhalten versuchen, wollen die Geschichte Lara Logans entweder nicht wahrhaben oder versuchen, sie zu relativieren. Aus der Logik, dass alle Demonstranten gut und alle Anhänger Mubaraks böse seien, gingen sie davon aus, dass die Vergewaltiger die Männer Mubaraks waren, die die Freude der Ägypter über den Abgang des Diktators trüben und die Revolution in der Weltöffentlichkeit in Verruf bringen wollten. Andere erklärten den Fall mit der Massenpsychologie und Gruppendynamik: Ähnliche Übergriffe gebe es auch am Rande von Auftritten großer Popstars. Auch die Kriegspsychologie wurde bemüht. Der jubelnde Mob könne mit Soldaten einer siegreichen Armee verglichen werden, die nach langem Kampf gegen einen potenten Gegner nun im Rausch des chauvinistischen Triumphalismus die Frauen des besiegten Feindes vergewaltigten.

Doch das Problem ist vielschichtiger. Lara Logan ist eine Frau, eine westliche, blonde, unverschleierte Frau, die als Israelin bezeichnet wurde, eine vierfache Diskriminierung in einem Land, in dem nach wie vor eines dieser vier Attribute ausreicht, um diskreditiert zu werden. Tatsache ist, dass Fälle von sexuellen Belästigungen und Übergriffe auf Frauen in den Straßen, Verkehrsmitteln und öffentlichen Einrichtungen in Ägypten in den vergangenen Jahren deutlich zugenommen haben. Interessant ist, dass solche Fälle in den 1970er Jahren in Kairo nicht bekannt waren, als die Mehrheit der Frauen unverschleiert war und viele von ihnen sogar im Minirock herumliefen. Heute, da eine viel strengere Sexualmoral herrscht und die große Mehrheit der Frauen ein Kopftuch trägt, gilt eine unverschleierte Frau manchen als legitime Beute für Sexhungrige. In einigen Vergewaltigungsprozessen der letzten Jahre wurde ein Vergewaltiger statt wie üblich zum Tode nur zu einer hohen Haftstrafe verurteilt, weil sein Opfer nicht angemessen gekleidet war, was den Reiz für ihn erhöht hätte. Das Opfer zum Mittäter zu machen ist also die Wurzel des Übels. Die Idee, dass die Frau ihre Reize bedeckt, statt dass der Mann seine Triebe in den Griff bekommt, ist ein fataler Denkfehler, der eine eigene Revolution braucht, um beseitigt zu werden, denn es geht hier um mehr als das Thema Sexualität. Es handelt sich um ein Männerbild, ein Frauenbild, ein Gesellschaftsbild, das auch für die Entstehung und Etablierung der Diktatur mitverantwortlich ist.

Anfang März war ich wieder auf dem Tahrir-Platz. Mubarak war längst aus dem Amt gejagt, aber die Demonstrationen fanden trotzdem kein Ende. Der Unterschied war, dass die Ziele der Demonstranten nun unterschiedlich waren. Einige demonstrierten für eine bessere Lohnpolitik, andere gegen die geplante Verfassungsänderung und manche für mehr Rechte für die Kopten. Am 8. März ging eine Gruppe ägyptischer Frauen auf den Tahrir-Platz, um den Weltfrauentag zu feiern und mehr Rechte für ägyptische Frauen zu fordern. Der Tag, der vor 101 Jahren von Klara Zetkin in Kopenhagen ins Leben gerufen worden war, inspirier-

te ägyptische Frauenrechtlerinnen bereits vor 90 Jahren, eine Frauenbewegung zu gründen. Einige männ-
liche Aktivisten auf dem Tahrir-Platz unterstützten
die Ansprüche der Frauen, während viele Männer und
Frauen die Demonstrantinnen befremdlich anschau-
ten und sie für ihre Aktion kritisierten. »Eins nach
dem anderen, Fräulein. Nicht alles auf einmal!«, schrie
ein Mann, der meinte, es sei kontraproduktiv, dass
jede Gruppe nun für ihre Ansprüche demonstrierte,
bevor das Land politisch und wirtschaftlich stabilisiert
sei. Ich sprach eine Frau an, die am Rand stand, sie
sagte: »Natürlich brauchen wir mehr Rechte, aber ich
glaube, dass wir diese Rechte nicht durch Demonstrationen durchsetzen können. Wir können die Männer
um mehr Rechte bitten, sooft wir wollen, aber nichts
wird sich ändern. Jede Frau sollte mit ihrem Mann zu
Hause und mit ihrem Chef bei der Arbeit ihre Rechte erkämpfen, nicht durch Bitten, sondern durch
Selbstbewusstsein und Arbeit.« Ich antwortete ihr,
dass ich trotzdem die Aktion der Frauen gut fände, da
es das Thema ins Bewusstsein vieler bringe, die sich
vielleicht irgendwann ernsthafter damit auseinandersetzen würden.

Es wurde heftig diskutiert. Das ist das neue Ägypten. Aber das alte Ägypten ist noch nicht verschwunden. Über einhundert Männer kamen den Frauen entgegen und versuchten, ihren Marsch zu stören. Einige
von ihnen schubsten sie und zerrten sie zu Boden. Andere Männer und Frauen hielten dagegen und versuchten, die Gegendemonstranten zu verjagen. »Was
wollt ihr denn noch? Ihr habt doch mehr Rechte als

wir«, schrie ein Gegner der Aktion. »Die Spuren des Bluts der Märtyrer sind immer noch zu sehen auf dem Platz, und ihr kommt hierher, um für so einen Blödsinn zu demonstrieren«, sagte ein anderer.

Die Lage der Frauen in Ägypten kann man nicht nur durch die kulturellen Besonderheiten eines arabisch-islamischen Landes erklären, sondern auch durch wirtschaftliche Fakten. Von 24 Millionen arbeitsfähigen Frauen haben laut dem ägyptischen Amt für Statistik lediglich viereinhalb Millionen einen Job. Dazu kommt, dass die Arbeitslosigkeit insgesamt in Ägypten offiziell zwölf Prozent beträgt. In Wirklichkeit kann man von 20 sprechen. 40 Prozent aller jungen Menschen zwischen 20 und 30 sind arbeitslos. Das erhöht die Konkurrenz auf dem Arbeitsmarkt für viele. Ein Arbeitgeber zieht oft einen männlichen Arbeitnehmer vor, weil Männer flexibler sind, was Arbeitszeiten, Überstunden und Nachtschichten betrifft. Viele ägyptische Familien verboten ihren arbeitenden Töchtern, Schwestern und Ehefrauen, nach der Revolution zur Arbeit zu gehen, weil die Straßen noch unsicher seien und die Meldungen über Entführungen und Vergewaltigungen sich mehrten. Ein Arbeitgeber nimmt darauf keine Rücksicht und sucht sich lieber einen männlichen Dauerersatz.

Folglich haben wir es mit einem Teufelskreis zu tun: eine kulturbedingte Befindlichkeit, die die Chancen der Frauen auf finanzielle Unabhängigkeit beschränkt, und eine wirtschaftliche Situation, die Frauen immer stärker in die Abhängigkeit von Ehemann, Vater oder Bruder bringt, was ihre Chancen auf Gleichstellung wiederum verringert. Da ist Kreativität gefragt. So wurde zum Beispiel neulich in Kairo die erste professionelle Kochschule für Frauen eröffnet. Das klingt nicht nach einem revolutionären Projekt zur Befreiung der Frauen, doch es ist ein Schritt, um die beruflichen Perspektiven vieler ungebildeter Frauen zu erweitern, denn kochen tun sie ohnehin zu Hause, ohne Entlohnung. Die Kochschule ermöglicht den Frauen, nicht nur ihre Kochkünste zu verbessern, sondern auch später als professionelle Köchinnen in Restaurants und Hotels zu arbeiten.

Die Auseinandersetzung auf dem Tahrir-Platz am Weltfrauentag hatte ein Nachspiel am nächsten Tag. Da wurde weiter demonstriert. Einige Demonstranten hielten den Platz seit Tagen besetzt, weil Mubarak noch nicht für seine Taten zur Verantwortung gezogen worden war.

Die Liste der Forderungen, die während der Revolution verfasst wurde, ist nach wie vor lang. Bisher wurde davon nur der Abgang von Mubarak erfüllt. Am Nachmittag des 9. März wurde es erneut ungemütlich. Die Szenen, die sich da abspielten, erinnerten mich an die »Schlacht des Kamels«, nur dass die Reittiere fehlten. Schlägerbanden in Zivil betraten den Platz, schlugen auf Demonstranten mit Stöcken und Knüppeln ein und rissen die Zelte auf dem Platz ein. Anfangs dachte ich, es handele sich um die Offiziere der Staatssicherheit, die sich dafür rächen wollten, dass die Demonstranten seit Tagen ihre Büros landesweit verwüsten. Doch bald kamen Soldaten dazu und schlugen ebenfalls auf die Zelte ein, schleppten Männer und Frauen, die sich wehrten, weg und gingen mit ihnen zum Ägyptischen Museum. Es war klar, dass es sich um eine geplante Aktion der Armee handelte, um den Platz frei zu machen. Das, was die Schlägerbanden Mubaraks am 2. Februar nicht geschafft hatten, schaffte dann die Armee am 9. März.

Später kam heraus, dass viele Demonstranten verprügelt und mit Elektroschocks gequält worden waren. Eine Bekannte von mir wurde an diesem Tag verhaftet, gefoltert und vor ein Militärgericht gestellt, während sich Mubarak und seine Söhne nach wie vor in Sharm El-Sheikh unbehelligt am Strand sonnten.

Salwa Husni, eine 20-jährige Friseurin, sagte CNN gegenüber, dass sie von Armeeoffizieren im Ägyptischen Museum ins Gesicht geschlagen und als Hure beschimpft wurde. Die Frau, die übrigens ein Kopftuch trug, sagte, die Soldaten wollten uns zeigen, dass wir würdelos sind. Danach ist sie mit 16 weiteren Frauen zu einem Militärstützpunkt außerhalb Kairos verschleppt worden, wo sie gegen ihren Willen einem absurden Jungfräulichkeitstest unterzogen wurden. Den Test hat ein Mann durchgeführt. »Ich stand vor dem Nervenzusammenbruch, als ich im Bett lag, hinter mir eine Gruppe von Soldaten, die alles beobachteten, vermutlich als Zeugen«, sagte Salwa.

Die Praktiken, die vom alten Regime als Mittel der Einschüchterung von Regimegegnern verwendet wurden und gegen die Millionen Ägypter Ende Januar protestierten, kehrten zurück. Lange bestritt der Militärrat die Vorfälle, bis ein Armeegeneral zwei Monate später nicht der ägyptischen Presse, sondern CNN ge-

genüber zugab, dass es diese Tests in der Tat gegeben
hatte. Er rechtfertigte die Tests folgendermaßen: »Wir
wollten nicht, dass sie hinterher behaupten, sie wären
von Armeesoldaten sexuell genötigt oder vergewaltigt
worden.«

Das sind die neuen Machthaber in Ägypten, die das
Land in die Demokratie führen wollen. Sie leiden an
den gleichen Krankheiten wie das Regime Mubaraks.
Kein Wunder, denn diese Generäle wurden von Mubarak herangezogen und waren 30 Jahre lang auch Ga-
ranten für die Stabilität seiner Herrschaft. Als sie eine
Verfassungsänderung herbeiführen wollten, luden sie
dazu lediglich zehn alte Juristen ein, alles Männer, alles
Muslime. Doch am darauffolgenden Freitag war der
Tahrir-Platz erneut voll. Die Demonstranten ließen
sich nicht einschüchtern und demonstrierten weiter
gegen die geplante Verfassungsänderung, die keine
war.

Aus Libyen, Syrien und Bahrain kommen ähnliche
Berichte. Frauen werden vergewaltigt, gefoltert und
weggesperrt, weil sie sich trauen, nein zu sagen. Gaddafis Männer sollen sogar Viagra an Soldaten und
Söldner ausgeteilt haben, damit sie mehr rebellische
Frauen vergewaltigen können. Dadurch will das Regime nicht nur die Frau als Person einschüchtern, sondern Schande über ihren gesamten Klan bringen. Außerdem sollen die Rebellen zu Hause bleiben, wenn
sie die Erzählungen über Vergewaltigungen hören, um
ihre eigenen Frauen, Töchter und Schwestern zu beschützen. Die Diktatur lebt von solchen Vorstellun-
gen von Ehre und Schande, denn diese dienen der Le-

gitimierung der Hierarchie und der Bevormundung
im Namen der Bewahrung der Ehre. Keiner verwendete das Wort »Ehre« so inflationär wie Gaddafi, Assad und Saleh.

Somaya ist eine sehr starke Frau. Die Mitarbeiterin
eines Buchladens in Kairo stammt aus einer Familie,
die kein Wort über Politik verliert, obwohl sie allen
Grund dazu hätte.

Der Vater arbeitete vor vielen Jahren in einer staatlichen Tabakfabrik in Kairo und stellte fest, dass sich
die Führungsetage der Fabrik schamlos an öffentlichen Geldern bereicherte. Als er die Verstöße meldete,
wurde kein Verfahren eröffnet, sondern er wurde nach
Südägypten versetzt. Von dort aus schickte er Be-
schwerden gegen die Firma an das zuständige Ministerium, erhielt jedoch nie eine Antwort. Auch als er ta-
gelang vor der Firma in Hungerstreik ging, änderte
sich nichts. Als er endlich die Geschichte in einer Zeitung veröffentlichte, wurde ein Mordanschlag auf ihn
verübt, den er glücklicherweise überlebte. Kurz danach wurde er von der Firma entlassen und bekam
eine magere Rente. Auch als er an einem Herzleiden
erkrankte, hatte er für die notwendige medizinische
Behandlung kein Geld und starb verbittert.

Somaya musste die Universität und ihr Bruder die
Schule verlassen, weil die Familie das Geld dafür nicht
aufbringen konnte. Seitdem war es ein Tabu in der Familie, über Politik zu reden. Man einigte sich darauf,
dass es unklug ist, sich gegen die Mächtigen aufzuleh-
nen. Somaya musste niedrige Lohnarbeit verrichten,

um sich über Wasser zu halten. In den 1990er Jahren erreichte eine Islamisierungswelle auch Ägypten. Ihr Bruder wollte sie zwingen, ein Kopftuch zu tragen, aber sie wehrte sich.

»Eines habe ich von meinem Vater geerbt: Dickköpfigkeit«, sagte sie lächelnd, während sie mit einem Besen die Verlagsräume kehrte.

Sie verliebte sich in einen liberalen jungen Ägypter, wurde schwanger und entschied sich, mit ihm aus Ägypten zu fliehen. Ihnen gelang die Flucht nach Italien. Dort nahm Somaya nach der Geburt Niedriglohnjobs an und arbeitete mehrere Schichten, bis sie mit ihrem Mann ein kleines Restaurant eröffnen konnte. Der jungen Familie ging es eine Zeitlang gut, bis der Ehemann seine beiden Brüder und deren Frauen nach Italien schmuggeln konnte. Plötzlich wurde es eng zu Hause, und die ägyptische Moral begann, sich im Haus durchzusetzen. Da seine beiden Schwägerinnen den Schleier trugen, wollte Somayas Mann, der in der Fremde immer religiöser wurde, dass auch seine Frau nun ein Kopftuch trüge. Somaya lehnte ab. War sie doch nach Italien gekommen, um diesen Kodexen zu entfliehen. Als der Mann sie dazu nötigen wollte, kam es zu einem schwerwiegenden Streit. Somaya nahm ihren siebenjährigen Sohn und flüchtete heimlich mit ihm nach Ägypten.

In Kairo lebte sie mit Mutter, Kind und Bruder in den Slums und arbeitete in einem Buchladen, um Schulgeld für den Kleinen zu verdienen. Wenige Monate später redete ihr Bruder auf sie ein, sie solle ein Kopftuch tragen, Ägypten habe sich verändert und das Viertel, in dem sie wohnten, sei noch konservativer geworden. Sie lehnte zunächst ab, musste aber einlenken, als ihre Mutter sie mehrfach darum bat. »Du kommst aus Europa zurück, und die Menschen hier beobachten dich besonders aufmerksam.« Somaya musste im Namen der Liebe zu ihrer Mutter ihre Hartnäckigkeit aufgeben und sich eine Kette um den Hals legen, wie sie sagte.

Ein Kompromiss-Kopftuch hat Somaya noch heute, keinen wirklichen Schleier. Nur die Haare bleiben verdeckt, nicht der Hals. Jeans trägt sie trotzdem noch. Mit der familiären Tradition, jeglicher politischer Aktivität fernzubleiben, musste sie im Sommer 2010 brechen. Sie nahm am ersten Protestmarsch gegen die Ermordung von Khalid Said teil. »Nicht aus politischer Motivation habe ich protestiert, sondern als Mutter. Ich dachte an meinen Sohn und an das, was ihm in diesem ungerechten Land zustoßen könnte.« Aber als sie mit anderen Ägyptern gegen die Gewalt und Ungerechtigkeit des Staates protestierte, erinnerte sie sich häufiger an ihren Vater und was ihm widerfahren war. Seit diesem Tag ist sie politisiert. Als sie am 28. Januar den Tahrir-Platz betrat, wollte sie ihn nicht mehr verlassen. Die Niederlage der Polizei sieht sie als Rache für die Erniedrigung ihres Vaters und für alle Ägypter, die unter der Gewalt des Staates leiden mussten. Sie übernachtete dort mehrere Tage, die schönsten Tage ihres Lebens.

Während Somaya die Utopia des Tahrir-Platzes und die unbekannte Freiheit genoss, verfolgte ihre Familie das staatliche Fernsehen und hörte die staatlichen Lü-

gen über die Sexorgien in den Zelten des Tahrir-Platzes. Als die Telefonleitungen wieder funktionierten,
rief Somaya ihren Bruder an, der ihr wütend entgeg-
nete, sie solle bleiben, wo sie sei: »Schande über dich.«
Sie ging schnell nach Hause. Der Bruder erwartete sie
auf dem Balkon und erlaubte ihr nicht, das Haus zu
betreten. Ihre Kleidung warf er ihr vom Balkon her-
unter. Einige Frauen aus dem Viertel jubelten ihm dabei zu und sagten, er solle noch härter mit ihr umgehen, um ihr die europäische Denkweise, die sie aus
Italien mitgebracht habe, auszutreiben.

»Die Konterrevolution hat mein Zuhause bereits
erreicht«, sagte sie lakonisch. Von der eigenen Familie
gedemütigt und verkannt, nahm Somaya ihre Kleidung unter den Arm und ging zum Tahrir-Platz zurück, ohne ihren Sohn sehen zu dürfen. Ihr ganzes
Leben über bestimmten andere über sie. Auch im Alter von 41 Jahren kann sie nicht selbst entscheiden,
wo und mit wem sie die Nacht verbringt. »Als ich am
Tahrir-Platz ankam, warf ich meine Kleidung auf den
Boden, legte mich darauf und brach in hysterisches
Weinen aus. Ich war nicht traurig, sondern sehr glücklich. Immer wurde ich schikaniert, immer musste ich
mich klein machen, immer musste ich fliehen. Immer
war ich auf der Suche nach einem richtigen Zuhause,
immer war ich auf der Suche nach meinem Vater, der
für seine Ehrlichkeit bestraft wurde. Ich war über-
glücklich, als ich wieder auf dem Tahrir-Platz war.
Dieser Ort ist immer der Ort meiner Träume gewesen. Der Tahrir ist mein Zuhause, wo jeder mich so
nimmt, wie ich bin, und keiner über meine Bekleidung

meckert. Der Tahrir ist mein Vater, in dessen Schoß ich weinen und mich über die Ungerechtigkeit dieser Welt beschweren darf«, beendete sie ihre Geschichte lächelnd und weinend und sagte: »Genug für heute.«

Im März traf ich Somaya wieder. Sie hatte sich mit ihrem Bruder ausgesöhnt und darf wieder bei der Familie leben. Eigentlich hat er sie darum gebeten, zurückzukehren, nachdem er erfuhr, dass das, was er über den Tahrir im staatlichen Fernsehen gehört hatte, nur Lügen waren. Somaya kehrte zurück unter der Voraussetzung, dass niemand sich in ihre privaten Angelegenheiten einmischt. »Somaya nach der Revolution ist nicht wie Somaya vor der Revolution«, sagt sie. Von nun an lässt sie sich von niemandem mehr etwas vorschreiben. Ihr Sohn ist jetzt in der fünften Klasse. Auch seine Schule hat die Revolution erreicht. Er demonstrierte mit seinen Klassenkameraden für die Entlassung seines Schuldirektors, weil dieser sie oft ohne Grund ausgeschimpft hatte. Aber er war nicht so erfolgreich wie seine Mutter. Der Direktor darf bleiben. Aber Somayas Sohn weiß jetzt, was Präsident und was Verfassung bedeutet. »Die Generation, die diese Revolution erlebt hat, kann eine Diktatur nie wieder dulden. Langfristig gibt es zur Demokratie keine Alternative mehr in Ägypten«, sagt sie zuversichtlich.

Von Somaya hörte ich übrigens die schönste Beschreibung des Demokratisierungsprozesses in Ägypten: »Demokratie in Ägypten ist, wie wenn du unter der Dusche verzweifelt versuchst, über zwei Hähne mit warmem und kaltem Wasser die richtige Temperatur zu finden. Immer ist es entweder zu kalt oder zu heiß. Und wenn du nach mehreren Versuchen endlich mit der Temperatur zufrieden bist, macht deine Mutter das Wasser in der Küche an!«

Die Rolle der Muslimbruderschaft

Obwohl sie zu wenig für die Revolution getan hat, war die Muslimbruderschaft zunächst der Gewinner des Regimewechsels. Das ist nicht neu in der Geschichte dieser Bewegung. Die religiöse Vereinigung wusste immer, wie sie sich im politischen Zirkus geschickt verhält, und lernte, jede politische Umwälzung am Nil für die eigenen Interessen zu instrumentalisieren.

Die Entstehung der Muslimbruderschaft im Jahre 1928, übrigens auch das Geburtsjahr des gestürzten Präsidenten Mubarak, kann nur in Zusammenhang mit zwei weiteren Ereignissen im Nahen Osten in jener Zeit verstanden werden: dem Sturz des osmanischen Kalifats im Jahr 1924 und der Kontrolle des saudischen Königshauses über weite Teile der arabischen Halbinsel 1926. Trotz der vier Jahrhunderte Unterdrückung durch die türkische Herrschaft löste das Ende des islamischen Kalifats in Istanbul bei zahlreichen Arabern eine Identitätskrise aus. Viele suchten Zuflucht bei den aus Europa importierten Ideen des Sozialismus und des Nationalismus. Vor allem christliche Syrer und Ägypter, die Angst vor einem Aufstieg des Islamismus hatten, predigten den Panarabismus, der sich sowohl gegen die türkische als auch gegen die britische und französische Kolonialherrschaft richtete. Andere wollten allerdings den Traum eines islamischen Reiches nicht aufgeben. Der Aufstieg der Saudis auf der arabischen Halbinsel und die Errichtung des Königsreichs Saudi-Arabien nährte in einigen Muslimen die Hoffnung auf ein neues arabisch-islamisches Kalifat.

Die Wiederherstellung des Gottesstaats war somit das Primärziel von Hassan Al-Banna, dem Begründer der Muslimbruderschaft. Al-Banna war aber kein religiöser Gelehrter, sondern ein Arabischlehrer in einer Grundschule in der Stadt Ismailia am Sueskanal. Die erste Spende, die er für die Gründung seiner Bewegung erhielt, kam allerdings nicht aus Saudi-Arabien, sondern vom französischen Direktor der Sueskanal-Firma. Der Wanderprediger Al-Banna gab sich vor den Franzosen als sozialer Reformer, der sich um die Jugend kümmerte. Dank der unermüdlichen Bemühungen von Al-Banna, der über ein starkes Charisma verfügte, besaß die Bewegung binnen weniger Jahre lokale Gruppen in den wichtigsten ägyptischen Städten und in etlichen Dörfern. Al-Banna pflegte gute Verbindungen zu der renommierten religiösen Institution Al-Azhar. Durch seinen Mentor, den salafistischen syrischen Gelehrten Rashid Reda, konnte Al-Banna auch bald vom Geldsegen aus Saudi-Arabien profitieren.

Seit ihrer Gründung war die Rhetorik der Muslimbruderschaft darauf ausgerichtet, die Massen in Ägypten für eine Veränderung des politischen Systems zu gewinnen. Schritte in diese Richtung hat die Muslimbruderschaft aber kaum unternommen. Im Gegenteil, die Gruppe agierte fast immer staatstragend. Sie ließ kaum eine Gelegenheit aus, den Machthabern ihre Loyalität kundzutun, oft auch gegen die Interessen der Bevölkerung.

So hat sich die Gruppe hinter den ägyptischen König Faruq I. in den 1930er und 1940er Jahren und gegen die liberale Partei Al-Wafd gestellt, die eine konstitutionelle Monarchie mit geringer Macht für den König anstrebte. Die Muslimbrüder bezeichneten den König als Anführer der Gläubigen, der uneingeschränkte Autorität benötige, um seinen Aufgaben nachzukommen. Öffentlich trat die Muslimbruderschaft als missionarische Bewegung auf, die lediglich die Jugend aufruft, zur islamischen Moral zurückzukehren. Im Geheimen baute sie allerdings ihren militanten Flügel auf und rüstete sich mit Schusswaffen und Dynamit aus. Ägyptische Historiker meinen, dass dies nur mit der finanziellen Unterstützung aus Saudi-Arabien möglich war. Die Prinzipien Al-Bannas lauteten: Wachsamkeit, Treue, Arbeit, Anstrengung, Selbstverleugnung, Opferbereitschaft, Gehorsam und Glaubwürdigkeit.

Jeder Aspirant, der Mitglied werden wollte, musste mit einem Schwert in der Hand, das auf dem Koran lag, folgenden Schwur sprechen, »Ich verspreche dir im Namen Allahs, dass ich ein treuer Soldat in der Gruppe der Muslimbrüder sein werde und dass ich immer höre und gehorche, in guten wie in schlechten Zeiten, außer es ginge um eine Sünde, und dass ich den Befehl nicht in Frage stelle und dass ich meine Bemühung, mein Geld und mein Blut für die Sache Gottes opfere, Allah sei mein Zeuge!«

Den Spagat zwischen ihrem apolitischen Anschein und ihren geheimen Plänen konnte die Gruppe aber nicht aufrechterhalten. In den 1940er Jahren war die Muslimbruderschaft in zahlreiche Terroranschläge und politisch motivierte Attentate verwickelt. Als der Richter Al-Khazendar einige Mitglieder im Jahre 1947 zu langjährigen Haftstrafen verurteilte, übte der Militärflügel ein Attentat auf ihn aus. Daraufhin entschied sich der ägyptische Premierminister Al-Nuqrashi, die Bewegung aufzulösen, ihre Waffen zu konfiszieren und alle ihre Büros zu schließen. Auch er musste mit seinem Leben bezahlen. Ein eifriger Muslimbruder erschoss ihn 1948 vor seinem Haus. Als Al-Banna um eine Audienz beim König bat, wurde sein Ersuchen abgelehnt. Zwei Wochen später wurde der Begründer der Bewegung von einem Polizeioffizier, der ein Royalist war, erschossen. Dem König von Ägypten waren die Muslimbrüder trotz ihrer Loyalität ein Ärgernis. Doch die Bewegung überlebte diesen Rückschlag und suchte sich bald neue Verbündete.

Während des Palästinakriegs von 1948 lernten einige Muslimbrüder eine Gruppe von ägyptischen Armeeoffizieren kennen, die mit dem Machtstil des ägyptischen Königs nicht einverstanden waren. Darunter war auch der junge Gamal Abdel-Nasser. Nach der Niederlage der arabischen Armeen warfen die Offiziere ihrem König vor, sie schlecht ausgerüstet zu haben. Die Muslimbrüder schlossen sich der Bewegung der freien Armeeoffiziere um Nasser an, die im Juli 1952 putschten, König Faruq ins Exil schickten und die arabische Republik Ägypten ausriefen. Doch kurz darauf stritten sie mit Nasser, weil er ihren Plänen, einen islamischen Staat zu errichten, nicht zustimmte. Deshalb suchten sie den Kontakt zur britischen Besatzungsmacht, die nach dem Abdanken des Königs auf neue Verbündete angewiesen war, um ihre Machtinteressen in Ägypten durchzusetzen. Ihnen war der Sozialist Nasser ein Dorn im Auge. Britische Zeitungen bezeichneten ihn als »Hitler vom Nil«, was eher als eine Verniedlichung Hitlers denn als eine Beleidigung Nassers zu verstehen ist. Auch zu den Amerikanern, die über Nassers Annäherung an die Sowjetunion besorgt waren, unterhielten die Brüder gute Kontakte. Die Muslimbrüder versuchten, Nasser, der sich für den Sozialismus statt den Islam entschied, 1954 nach einer Rede in Alexandria zu ermorden. Der Anschlag scheiterte, und einige Mitglieder der Muslimbrüder wurden hingerichtet. Die Führungskräfte und zahlreiche Muslimbrüder wurden inhaftiert. Darunter war ein Mann, der künftig die ideologische Richtung der Muslimbrüder prägen sollte: Sayyed Qutb begann seine Karriere als säkularer Literaturkritiker. Ihm verdanken wir die Entdeckung des literarischen Talents Nagib Mahfouz, der später den Nobelpreis erhielt. Während seines Studiums in Amerika zwischen 1948 und 1951 soll Qutb allerdings ein Erweckungserlebnis gehabt haben, das ihn in den Schoß des Islam zurückbrachte.

Der Legende nach soll er einige New Yorker gesehen haben, die auf der Straße tanzten, nachdem sie erfahren hatten, dass der Anführer der Muslimbruderschaft in Ägypten ermordet worden war. Hier soll er zum ersten Mal von der Bewegung gehört haben. Abgesehen davon, dass der Gedanke an Amerikaner, die Ende der 1940er Jahre wegen eines ermordeten Muslimbruders auf der Straße tanzten, seltsam anmutet, zeigt diese Erzählung auch, wie die Gruppe die Geschichte gern rekonstruiert, um die angebliche historische Feindschaft des Westens ihnen gegenüber zu betonen. Wie auch immer, im Anschluss an dieses tatsächliche oder erfundene Erlebnis soll sich Qutb intensiv mit der Gruppe und ihrer Ideologie beschäftigt haben. Nachdem er einen freundlichen Roman über New York verfasst hatte, änderten sich seine Sprache und seine Haltung dem Westen gegenüber grundlegend.

In einem Artikel mit dem Titel »Amerika, wie ich es sah«, den er in einer ägyptischen Zeitung veröffentlichte, beschreibt er den Westen als eine technisch entwickelte, aber moralisch barbarische Gesellschaft, die noch in der Dunkelheit der Dschahiliyya, also der Unwissenheit, lebt. Nach seiner Rückkehr nach Ägypten beschäftigte er sich mit den Themen Islam und soziale Gerechtigkeit. Der frühere Marxist war Muslimbruder geworden. Seine Schriften zum Islam sind entscheidend für die Radikalisierung der Muslimbrüder in den folgenden Generationen. Kurz nach Qutbs Entlassung aus dem Gefängnis im Jahre 1964 wurde er erneut verhaftet, weil er radikale Jugendliche angestiftet haben soll, staatliche Fabriken im Süden von Kairo in Brand zu setzen, um die Regierung Nasser zu schwächen. Im August 1966 wurde er hingerichtet und dadurch zum Märtyrer der Islamisten.

In den Gefängnissen spalteten sich einige Gruppen von den Muslimbrüdern ab, darunter die Dschihad Islami und die Jama'a Islamiyya, die aber unter Nassers Herrschaft kaum Entfaltungsmöglichkeiten hatten. Erst als 1967 Nassers Projekt der Befreiung Palästinas mit der Niederlage gegen Israel in einer Katastrophe endete, verblasste der Glaube an Nationalismus und Sozialismus. Eine ganze arabische Generation war von dieser Niederlage betroffen. Einmal mehr standen die Araber vor den Trümmern eines unkalkulierbaren Abenteuers und suchten Orientierung. Nach dem Scheitern des aus dem Westen importierten Nationalismus und Sozialismus wollten sie nun den eigenen Weg zur Selbstfindung nehmen. »Al-Islam huwalhall«, der Islam ist die Lösung, so lautete von nun an das Motto der Islamisten, die zunehmend Anhänger fanden. »Der Fundamentalismus blüht auf den Trümmern gescheiterter Experimente«, schreibt Abdel-Wahaab Meddeb.

Während die ersten palästinensischen Kommandos, die gegen Israel kämpften, aus Marxisten und sogar aus Atheisten bestanden, mutierte der arabisch-israelische Konflikt mehr und mehr von einem territorialen zu einem religiösen. Erst in den 1980er Jahren tauchte die Hamas als Kraft in den palästinischen Gebieten auf. Sie gilt als Filiale der Muslimbruderschaft. Als Sadat Ägypten Richtung Westen öffnen wollte, rebellierten die Nasseristen und die Marxisten. Da kam Sadat auf die Idee, die Islamisten aus den Gefängnissen zu entlassen, um die Marxisten zu schwächen. Ein fataler Fehler, den er wenige Jahre später mit seinem

Leben bezahlte. In der Tat gelang es den Islamisten nach ihrer Entlassung, die Marxisten zu verdrängen, doch sie waren auch gegen Sadats Friedenspolitik mit Israel. Und so wurde er von jenen Männern ermordet, die er begnadigt hatte.

Als Mubarak 1981 Sadats Nachfolger wurde, schlug er versöhnliche Töne an. Mit den Muslimbrüdern verfolgte er die Zuckerbrot-und-Peitsche-Strategie. Mal verbot er die Bewegung und sperrte die Führungskräfte ein, mal tröstete er sie mit einigen Sitzen im Parlament. Aber sie waren ihm niemals wirklich gefährlich, im Gegenteil: Sie waren seine Lieblingsoppositionsgruppe, denn solange sie sichtbar waren, konnte er sich dem Westen gegenüber als die einzige Garantie für den säkularen Staat und die Fortführung des Friedens mit Israel präsentieren. In der Tat sagte sich die Gruppe während der Herrschaft Mubaraks von der Gewalt los und beschränkte sich auf karitative Aktivitäten und den Aufbau sozialer Netze. Die Anschläge, die andere Terrorgruppen in Ägypten verübten, verurteilten die Muslimbrüder scharf. Auch die Anschläge des 11. September bezeichneten sie als einen unislamischen Akt, denn der Islam sei gegen die Tötung von Zivilisten. Ihre antiwestliche und antiisraelische Rhetorik blieb aber wesentlicher Bestandteil ihres politischen Programms.

Anfang der 1990er Jahre lernte ich die Muslimbrüder an der Universität in Kairo kennen. Ich war für sie ein idealer Kandidat: Ein Neuankömmling aus der Provinz, der in der Anonymität der Großstadt nach Anschluss und Gemeinschaft suchte. Neben dem gemeinsamen Gebet und den stundenlangen Diskussionen über die Lage in Palästina bot die Bruderschaft auch ein weitverzweigtes soziales Netz, das einerseits langsam das Gefühl der Isolation und Entfremdung in mir abbaute, mich andererseits aber auch schnell vereinnahmte. Da, wo Staat und Familie fehlten, standen die Muslimbrüder bereit und boten religiöse wie soziale Dienste und Veranstaltungen an. Sie waren in der Rekrutierung und Mobilisierung von Studenten wesentlich erfolgreicher als die Kommunisten, bei denen ich auch eine gewisse Zeit verbrachte.

Parolen wie »Der Islam braucht Männer, die niemanden außer Allah fürchten« und »Wir können etwas tun, wir müssen etwas tun!« steigerten nicht nur meinen Enthusiasmus, sondern gaben mir das Gefühl, erwachsen geworden zu sein. In der Organisation engagierten sich viele junge Studenten, die sonst in Ägypten keine Chance auf politische Partizipation hatten. Im Gegensatz zu anderen islamischen Bewegungen, wie dem »Islamischen Dschihad« oder »Dschama'a Islamiyya«, war der Diskurs in der Muslimbruderschaft einigermaßen intellektuell fundiert und sprach Studenten an. Wir empfanden diese Art der Auseinandersetzung trotz ihrer religiösen Färbung als modern und emanzipatorisch. Neue hermeneutische Definitionen des Islam waren möglich. Die Muslimbruderschaft setzte ganz auf ideologische Mobilisierung und nicht auf den unmittelbaren bewaffneten Kampf für die Veränderung der bestehenden politischen und sozialen Verhältnisse. »Errichtet den Staat Gottes in euren Herzen, so wird er bald auf eurem

Territorium entstehen«, wurde Scheich Hudaibi, einer der Gründer der Bewegung, zitiert.

Es war beruhigend, dass ich nicht allein war. Die Auseinandersetzung mit der Moderne belastete einen Großteil meiner Generation, die auch die Generation von Mohamed Atta ist, einem der Attentäter des 11. September. Kulturelle und religiöse Identität schien uns häufig im Widerspruch zu persönlichem, wirtschaftlichem und politischem Erfolg zu stehen. Meine Generation steckte in einem Dilemma: Einerseits war sie von den Eltern traditionell und konservativ erzogen worden, andererseits sah sie sich den Verführungen der Zivilisation ausgesetzt. Kulturstau und kulturelle Konfusion begleiteten uns auf der Suche nach Orientierung und Anerkennung. Zu unserer Zeit stieß kein Internet, kein Satelliten-TV ein Fenster zur Welt auf. Wir standen in einem gespaltenen Verhältnis zum Westen, zu seiner Kultur und seinen Werten. Einerseits waren wir begeistert von der technischen Entwicklung und den westlichen Produkten und nutzten diese auch, soweit wir sie uns leisten konnten; andererseits fühlten wir uns bedroht, überholt und gedemütigt von der westlichen Welt. Je häufiger wir in Ägypten mit ihr in Berührung kamen, desto stärker nahm sowohl unsere Faszination als auch unsere Angst zu, von dieser Form der Zivilisation überflutet zu werden. Die Muslimbrüder wussten sehr gut, den Westen und Israel als Feindbilder zu etablieren, die dafür verantwortlich gemacht werden, dass die islamische Welt den Anschluss an die Moderne verpasst hat. Hier haben sie sich kaum unterschieden von den offi-

ziellen Schulbüchern, die uns Hass gegen den Westen
lehrten. Doch für viele von uns spielte der Westen
auch die Rolle eines Hoffnungsträgers, von dem wir
uns die Instrumente der Moderne, wie Wissenschaft
und Technik, würden entleihen können. Europa führte uns die Möglichkeiten der politischen Transformation und Demokratie vor Augen. Der europäische Ei-
nigungsprozess war für uns ein Beispiel für die erhoff-
te islamische Einigung, die »Umma«.

Das Verhältnis der Muslime zum Westen wird in
der Rhetorik der Muslimbrüder wie in den offiziellen
Schulbüchern nicht zuletzt von zwei historischen Ereignissen und einem aktuellen Konflikt belastet. Es
handelt sich zum einen um die Kreuzzüge und die Ko-
lonialisierung und zum anderen um den akuten Nahostkonflikt.

Zugleich war die Muslimbruderschaft für unsere
Generation eine Möglichkeit zur Emanzipation von
der Generation der Väter, die einen traditionalisti-
schen, herrschaftstreuen Islam predigten. Die Brüder
gaben dem Islam den Hauch einer Revolution und
versprachen Veränderung. Ein Versprechen, das sie
aber nie einlösen konnten. Bald wurde mir klar, dass
die Muslimbrüder genauso am Status quo interessiert
sind wie das Regime Mubarak auch. Beide lebten von
Worten, die sie nie in die Tat umsetzen, und vermeint-
lichen Feinden, die sie nie wirklich bekämpfen. Als ich
erkannte, dass die Muslimbrüder nur die andere Seite
der Medaille Mubarak waren, verließ ich die Gruppe,
kurz bevor ich mich entschied, nach Deutschland zu
emigrieren.

2005 kam es zu einem merkwürdigen, für mich aber nicht mehr überraschenden Deal zwischen dem Regime Mubarak und den Muslimbrüdern: Obwohl es laut der Verfassung keine religiösen Parteien in Ägypten geben darf, erlaubte Mubarak den Muslimbrüdern, als Einzelkandidaten an den Parlamentswahlen teilzunehmen. Die Brüder stellten ihre populärsten Kandidaten in Wahlkreisen auf, wo andere linke, extrem regimekritische Oppositionelle auftraten, während sie sich vollkommen aus Wahlkreisen zurückzogen, wo die wichtigsten Männer des Regimes zur Wahl standen. Das Ergebnis war die Verbannung der Opposition aus dem Parlament und die Belohnung der Muslimbrüder mit 80 Sitzen im Hause des Volkes. 2008 kündigte der damalige Chef der Muslimbrüder, Mahdi Akef, an, dass er die Kandidatur Mubaraks für eine sechste Wahlperiode unterstütze. Während andere Oppositionsgruppen aktiv gegen die Wiederwahl Mubaraks oder die Weitergabe der Macht an seinen Sohn vorgingen, blieben die Muslimbrüder in beiden Fragen passiv.

Diese opportunistische Taktik wurde während der Januar-Revolution dieses Jahres deutlich. Als die Internetaktivisten den 25. Januar zum Tag der Revolte erklärten, kündigten die Muslimbrüder an, sich daran nicht zu beteiligen. Erst nachdem die Revolution Erfolge zeigte und es danach aussah, dass Mubarak nie wieder seine Macht zurückerlangen könnte, entdeckten die Muslimbrüder ihre revolutionäre Ader und behaupteten, ein wesentlicher Bestandteil dieser Revolution gewesen zu sein. Ihre Rolle während der »Schlacht des Kamels« war ihr wichtigstes Argument, und sie behaupten, der zweite Administrator der Seite »Khalid Said« sei ein Muslimbruder und dieser hätte im Verborgenen gearbeitet, während der Google-Manager Wael Ghoneim sich medial profilierte.

Kaum war Mubarak weg, erklärten die Muslimbrüder dem Militärrat, der die Befugnisse des Präsidenten übernahm, ihre absolute Loyalität. Als der Militärrat voreilig einige Verfassungsänderungen vornahm und zu diesen nur sechs Wochen nach dem Sturz Mubaraks in einem Referendum die Bevölkerung nach ihrer Meinung fragen wollte, riefen die Muslimbrüder alle Ägypter nicht nur dazu auf, sich am Referendum zu beteiligen, sondern auch mit Ja zu stimmen. Wer nicht zustimmen würde, verstoße gegen den Willen Gottes, hieß es in einer Verlautbarung eines führenden Mitglieds der Muslimbrüder. Eine unverständliche Haltung, zumal die Jugend, die eigentlich die Revolution trug, und die restlichen Oppositionsgruppen die Verfassungsänderung für eine Farce hielten, da das Land eine vollkommen neue Verfassung braucht. Kosmetische Korrekturen der alten Verfassung, die Sadat und Mubarak auf den Ausbau ihrer Macht zugeschnitten hatten, reichen sicher nicht aus.

Die Belohnung, die die Muslimbrüder dafür vom Militärrat erhielten, war die Beibehaltung des Artikels 2 in der Verfassung, der besagt, dass der Islam die Staatsreligion und die Scharia die Hauptquelle der Gesetzgebung sei, sowie die Umgehung des Artikels, der die Gründung einer politischen Partei auf religiöser Basis unterbindet. Vor den Wahllokalen standen Anhänger der Muslimbrüder, die gut organisiert sind und scheinbar über unerschöpfliche finanzielle Ressourcen verfügen, mit Lebensmitteln und Süßigkeiten als Geschenk für die bedürftigen Wähler und erinnerten sie daran, dass ein »Ja« zu Verfassung ein »Ja« zum Islam bedeute. Nach der Annahme der Verfassungsänderung kündigten die Muslimbrüder offiziell die Gründung ihrer neuen Partei an, die sie »Partei für Gerechtigkeit und Freiheit« nannten, in Anlehnung an die Partei des türkischen Premierministers Erdogan, »Partei für Gerechtigkeit und Entwicklung, AKP«. Ein Zeichen dafür, dass sich die Muslimbruderschaft, zumindest kurzfristig, vom Traum der Wiederherstellung des islamischen Kalifats gelöst hat und sich nun als eine zivile Partei mit Referenz zum Islam versteht. Dies zumindest kann man den Verlautbarungen fast aller Verantwortlichen der neuen Partei entnehmen, für die die moderne Türkei, aber auch der Politikertyp Erdogan große Vorbilder sind. Ob dies nur ein weiterer Schachzug der Bewegung ist oder der Beginn eines Transformationsprozesses, kann zu diesem Zeitpunkt niemand erkennen.

Tatsache ist, dass Erdogan nicht nur für seinen Reformkurs in der Türkei beliebt ist, sondern auch für seine kostenlosen kämpferischen Gesten im Nahostkonflikt. Erinnert sei hier an das Gespräch mit dem israelischen Präsidenten Shimon Perez auf dem Weltwirtschaftsforum in Davos, das Erdogan abbrach. Er verließ den Raum unter Protest, weil er nicht genug Zeit bekam, um das israelische Vorgehen in Gaza zu kritisieren. Die Sendung eines türkischen Hilfsschiffs nach Gaza, angeblich, um die israelische Blockade zu brechen, galt für viele Araber nicht als ein kalkuliertes medial inszeniertes Manöver, sondern als mutige Aktion eines aufrichtigen Politikers. Erdogan wurde für die Ägypter endgültig zum Idol, weil er der erste Staatsmann war, der während der Proteste in Ägypten Mubarak aufforderte, auf sein Volk zu hören und auf die Macht zu verzichten.

Positiv bei dem Wahlprozess war allerdings, dass die Wahlbeteiligung am Referendum mit 50 Prozent hoch lag, zumindest verglichen mit den Wahlen der vergangenen Jahre, was von einer deutlichen Politisierung der Massen zeugt. Doch die Auswertung des Ergebnisses – mehr als 77 Prozent Zustimmung für die Verfassungsänderung, die keine ist – zeigt, dass freie Wahlen und Demokratie zwei Paar Stiefel sind.

Allerdings ist es falsch anzunehmen, dass alle, die zugestimmt hatten, Anhänger der Muslimbrüder sind oder dies wegen des Artikels 2 taten. Viele wollten in erster Linie erreichen, dass der Militärrat nicht lange an der Macht bleibt und rasche Neuwahlen ansetzt, was ohne verfassungsrechtlichen Rahmen nicht möglich ist. Außerdem wird eine völlig neue Verfassung für die Zeit nach den Wahlen angekündigt.

Die Muslimbrüder, die oft als Gefahr angesehen werden und die Mubarak immer als ein Argument gegenüber seinen westlichen Freunden benutzt hatte, um ihnen vorzugaukeln, dass er für Sicherheit und Stabilität garantiere, sind in Wirklichkeit kalkulierende Opportunisten. Sie verbündeten sich einst mit einem türkischen König gegen die eigene Bevölkerung, dann mit Nasser gegen diesen König, dann mit den Briten und Amerikanern gegen Nasser, dann mit Sadat gegen die linke Opposition, dann mit Mubarak gegen die gleiche Opposition und schließlich mit der Armee gegen die Kräfte der Revolution.

Manche sehen in ihnen die kommende politische Kraft Ägyptens. Ich halte sie jedoch für schwächer als je zuvor. Erstens stellen sie nicht mehr die einzig ernstzunehmende Opposition dar, sondern sind eine von vielen Bewegungen, die sich in den letzten Monaten auf der politischen Bühne Ägyptens zu Wort gemeldet haben, wie Kifaya und die nationale Gemeinschaft für Veränderung um den früheren Chef der Atomenergiebehörde Mohamed El-Baradei. Zweitens haben sie bei der Beseitigung des alten Regimes keine Verdienste erworben, da sie sich zu spät an den Demonstrationen beteiligten und bald neue Herren suchten, denen sie nun dienen. Ihre Verbindung zu Saudi-Arabien und ihre dubiosen Finanzquellen sind vielen Ägyptern mittlerweile sehr suspekt. Außerdem verharrten sie jahrzehntelang in der Opferrolle und beklagten ihre vermeintliche Verfolgung. Die Stimme des Protestes ist die einzige Stimme, die sie bislang kannten.

Nun, als legitime politische Partei und als Lieblinge der neuen Machthaber, haben sie ein Legitimationsproblem. Sie können also nicht als Gegner eines diktatorischen Regimes auftreten, sondern müssen einen wirtschaftlichen und politischen Plan binnen kurzer Zeit entwickeln, denn bei aller Emotionalität der Ägypter in Bezug auf ihre Religion steht außer Zweifel, dass diejenigen, die während der Demonstrationen ihr Leben riskierten, dies nicht für Artikel 2 der Verfassung taten, sondern um in Freiheit und Wohlstand zu leben. Da die Beibehaltung von Artikel 2, zumindest als symbolischer Artikel, nun als Konsens unter allen neuen und alten Parteien gilt und die Nationalpartei von Mubarak aufgelöst wurde, fehlt es den Muslimbrüdern im Wahlkampf an klassischen Feindbildern. Mit ihrer antiisraelischen Rhetorik können sie nicht punkten, da dies ein gemeinsamer Standpunkt in der ägyptischen Politik geworden ist. Auch gegen die Amerikaner können sie nicht wüten, da sie selbst zugegeben haben, dass sie schon zu Zeiten von Georg W. Bush mit der US-Regierung über die Zeit nach Mubarak gesprochen hatten. Außerdem würde eine antiamerikanische Rhetorik dem Militärrat nicht passen, der traditionell enge Verbindungen zur US-Regierung unterhält.

Die Abwesenheit eines äußeren Feindes führt somit zu heftigen Spaltungen innerhalb der Bewegung, die sich zunehmend mit sich selbst beschäftigen muss. Die Gruppe hatte immer unterschiedliche Flügel, die angesichts der gefühlten Verfolgung stes zusammenhielten: die missionarische Richtung, die sich mit Al-Azhar identifiziert, die salafitische konservative Richtung, die sich an Saudi-Arabien orientiert, die Dschihadisten, die den Kurs von Sayyed Qutb unterstützen und den bewaffneten Dschihad als eine Pflicht sehen, und die Reformisten, die für eine moderne zivile Gesellschaft plädieren. Nach dem Verschwinden des äußeren Feindes wird die innere Zerrissenheit der

Gruppe bald noch deutlicher hervortreten. Auf jeden Fall wird es extrem schwierig sein, alle diese Flügel auf einen gemeinsamen politischen Nenner zu bringen – weshalb die Muslimbruderschaft vermutlich erneut die Rolle der Opposition vorziehen wird.

Die Muslimbrüder wissen, dass sie zwar viele Anhänger haben, streben aber anscheinend nicht an die Macht, zumindest nicht sofort, weil sie Angst vor den Erwartungen der Ägypter haben. Sie wissen, dass es kein Spaziergang sein wird, das Land zu regieren und den politischen und wirtschaftlichen Ansprüchen der jungen Ägypter gerecht zu werden. Sie wissen ebenso, dass sich nun die Kultur des Protests und des zivilen Ungehorsams und eine neue kritische Öffentlichkeit nach der Revolution etabliert haben, was das Regieren künftig schwieriger machen wird. Deshalb lehnte die Bewegung zwei Ministerposten in der Übergangsregierung ab, die ihnen vom Militärrat angeboten wurden. Auch entschloss sich ihre neugegründete »Partei der Gerechtigkeit und Freiheit«, zunächst nur in der Hälfte der Wahlkreise Kandidaten für die Parlamentswahlen aufzustellen, damit sie auf keinen Fall eine absolute Mehrheit erhalten können, sonst müsste sie die Probleme des Landes alleine lösen. Auch kündigte die Bewegung an, keinen eigenen Kandidaten für das Amt des Präsidenten aufzustellen. Sie weiß, dass ein Kandidat der Muslimbrüder zwar höchstens 40 Prozent der Stimmen bekommen könnte, aber bei einer Enthaltung ist jeder andere Kandidat auf ihre Unterstützung angewiesen. Auch im Parlament wollen die Muslimbrüder die Geert-Wilders-Taktik ausprobieren: nicht

selbst regieren, aber den Königsmacher spielen, indem
sie eine Minderheitsregierung anderer Parteien dulden. In einem unerklärlichen Schachzug ging die Partei der Muslimbrüderschaft eine Koalition mit der liberalen Wafd-Partei ein, vermutlich um den Eindruck
zu vermitteln, dass sie den zivilen Staat unterstützt
und keinen Alleingang plant. Sogar der Reformer El-
Baradei begrüßte diese Koalition und hoffte, sich mit
den Muslimbrüdern über zehn Prinzipien zu einigen,
die in zehn Artikeln münden und der künftigen Verfassung vorangestellt werden sollten. Es handelt sich
im Wesentlichen um Artikel, welche die individuellen
Menschenrechte, die Gewaltenteilung und die soziale
Gerechtigkeit festschreiben und von keiner Mehrheit
später verändert werden dürfen. Die Muslimbrüder
wollen im Gegenzug den Islam als Staatsreligion in
der Verfassung verankern. Macht ohne Verantwortung also. Dies könnte die kurzfristige Strategie der
Muslimbrüder sein: zunächst die Liberalen an die
Macht bitten, aber die Fäden ziehen. Sollten die Liberalen Erfolg haben, werden die Muslimbrüder behaupten, sie seien ihre Partner gewesen. Sollten sie
scheitern, könnten die Muslimbrüder mit deutlich ge-
ringeren Erwartungen in der Bevölkerung die Macht
ergreifen.

Einer der Reformisten innerhalb der Muslimbruderschaft ist Abdel-Moneim Abou el Fotouh, der sich
an viele Vorgaben der Gruppe nicht hält. Er ist Gene-
ralsekretär der arabischen Ärztekammer und eine beliebte Figur bei der Jugend der Bewegung. Wie die
meisten Führungskräfte der Muslimbrüder ist er kein

Theologe. Berühmt wurde Abou el-Fotouh für seine legendäre Konfrontation mit Präsident Sadat in den 1970er Jahren. Sadat lud damals Studenten der Kairoer Universität zu einem Dialog in seine Sommerresidenz ein und versprach ein Vater-Sohn-Gespräch. Abou el-Fotouh, der damals Präsident der ägyptischen Studentenunion war, durchbrach die freundliche Stimmung des gehemmten Gesprächs und warf Sadat vor, keine Ahnung von Ägypten zu haben. »Sie umgeben sich mit lauter heuchlerischen Beratern, die Ihnen erzählen, was Sie hören wollen!«, schockierte der Student den Pharao, der diese Art Kritik nicht kannte. Sadat verlor seine Fassung und schimpfte cholerisch auf Abou el-Fotouh ein, der gelassen blieb und weiterhin Kritik übte.

Im März dieses Jahres führte ich mit Abou el-Fotouh ein langes Interview in seinem Büro in Kairo über die Revolution, die Rolle der Muslimbrüder und seine mögliche Kandidatur für das Amt des Präsidenten, die die Führungsetage der Bewegung in Rage versetzt hatte:

Hamed Abdel-Samad: Auf dem Tahrir-Platz fragte ich einen jungen Muslimbruder, wer für ihn ein wahrer Revolutionär ist. Er sagte Abdel-Moneim Abou el-Fotouh, weil er gegenüber Sadat die Wahrheit aussprach. Würden Sie sich als Revolutionär bezeichnen?

Abou el-Fotouh: Ich bin einfach jemand, der stets sagt, was er denkt, mehr nicht.

HAS: Wäre die Diktatur von Mubarak ohne die Herr-
schaft von Sadat davor möglich gewesen?

AE: Nein, die Zeit von Sadat war in der Tat die Basis
für die Alleinherrschaft. Es war Sadat, der die Verfassung von 1971 verabschiedet hatte, die dem Präsidenten fast göttliche Befugnisse gab. Sadat war auch für
die tiefe Kluft zwischen Arm und Reich in der Gesellschaft verantwortlich. Die Öffnung, die Sadat Richtung Westen vollzogen hatte, zog das Land in eine
Krise.

HAS: Was haben Sie gegen die Öffnung?

AE: Nichts. Ich habe etwas gegen die Art der Öffnung. Die Gesellschaft und die Infrastruktur des Landes waren nicht für die schnelle Privatisierung und
Kapitalisierung bereit, deshalb profitierte nur eine
kleine Schicht vom neuen Geld, während der Rest immer mehr in Armut versank. Das verhinderte die Entwicklung einer gesunden Volkswirtschaft. Kapitalismus ohne Demokratie und ohne soziale Politik schafft
unfähige Gesellschaften.

HAS: Ist der Islam sozialistisch?

AE: Der Islam ist auf jeden Fall sozial. Sozialistisch
ist er nicht. Er hat nichts gegen Privatbesitz, auch
nichts gegen Reichtum. Ich persönlich halte nichts
vom Sozialismus, denn der Mensch liebt von Natur
aus das Geld und will besitzen, und das ist gesund für
die Wirtschaft. Aber ich bin gegen einen herzlosen
Kapitalismus, wie er in Amerika herrscht. Ich bin eher
für einen humanen Kapitalismus.

HAS: Waren Sie von Ihrem Glauben motiviert, als Sie Sadat Paroli boten? Oder anders ausgedrückt: Ist der Islam eine revolutionäre Religion oder eher eine Religion, die dem Herrscher hilft, zügellos zu herrschen?

AE: Es kommt darauf an, wie man den Islam deutet. Der Prophet sagte: »Der beste Märtyrer ist jemand, der einen ungerechten Herrscher daran hindert, ungerecht zu bleiben.« Manche Gelehrte ziehen andere Zitate heran und meinen, man darf sich nicht gegen den Herrscher auflehnen, sonst kommt es zu Unruhen und Bürgerkriegen.

HAS: Warum haben Sie sich den Protesten schon am ersten Tag angeschlossen, obwohl die Muslimbrüder ihre Teilnahme abgesagt haben? Ist das nicht ein Verstoß gegen das Gebot des bedingungslosen Gehorsams?

AE: Ich bin als Ägypter auf die Straße gegangen und nicht als Vertreter der Gruppe. Allerdings halte ich das Fernbleiben der Gruppe für einen fatalen Fehler. Ich glaube, die Brüder fürchteten, wenn sie von der ersten Stunde an Präsenz zeigen, würde Mubarak dies als Ausrede benutzen, um die Revolte niederzuschlagen. Ferner hatten sie Bedenken, der Westen würde die Proteste als eine islamistische Revolution deuten und Mubarak sofort unterstützen.

HAS: Und warum sollte der Westen Angst vor den Muslimbrüdern haben?

AE: Weil der Westen islamophob ist.

HAS: Worin ist diese »Islamophobie« Ihrer Meinung nach begründet?

AE: Diese Angst mag aus der Sicht der westlichen Bevölkerung nachvollziehbar sein, weil sie von den Medien und von den eigenen Politikern in die Irre geführt werden.

HAS: Und welches Interesse haben die westlichen Politiker daran, den Islam schlecht darzustellen?

AE: Erstens ist Angst ein guter Konsum-Animator für die eigene Bevölkerung, zweitens können sie sich im Namen dieser Angst in die inneren politischen Angelegenheiten unserer Länder einmischen und Marionetten einsetzen, die ihnen passen. Und wenn ihnen diese Marionetten Märchen erzählen, wie das vom Aufstieg des Islamismus, stellen sie sich blöd an und tun so, als würden sie es glauben. Aber sie haben einen Zugang zu den Fakten und wissen, dass von der Muslimbruderschaft keine Gefahr ausgeht. Sie haben einfach Angst, dass die arabische Welt sich demokratisiert.

HAS: Sie wollen mir sagen, dass die Angst des Westens vor der Muslimbruderschaft in Wirklichkeit eine Angst vor einer Demokratisierung der Region ist?

AE: Genau! Warum sollte der Westen Demokratie in der Region wollen? Wenn alle arabischen Staaten demokratisch werden und vielleicht eine politische und wirtschaftliche Union bilden, dann kann der Westen sie nicht mehr wirtschaftlich kolonialisieren. Demokratie ist der Weg zu Unabhängigkeit und Ent-

wicklung, und genau das will der Westen nicht für die
arabische Welt.

*HAS: Und die Muslimbruderschaft will die Demokra-
tie?*
AE: Klar! Das wollen alle Ägypter.

*HAS: Fast alle Mitglieder ihrer Bewegung sagen, dass
sie keinen Gottesstaat, sondern einen zivilen Staat anstreben. Warum müssen wir das glauben? Schließlich
wurde die Bewegung mit dem Aufruf der Wiederherstellung des Kalifats gegründet?*
AE: Einen Gottesstaat will heute keiner mehr, wir
sind nicht im Mittelalter. Und kein Mensch hat die Be-
fugnis, im Namen Gottes zu sprechen. Was wir wollen,
ist ein demokratischer Staat mit islamischer Referenz.

HAS: Erklären Sie mir, was Sie damit meinen.
AE: Unsere neue Partei orientiert sich an der Christlich Demokratischen Union in Deutschland und an
der AKP in der Türkei. Beide sind demokratische Parteien, die aber ihre politischen Prinzipien aus dem
Christentum oder aus dem Islam herleiten. Das wollen wir auch.

*HAS: Abgesehen davon, dass man die CDU mit der
AKP nicht gleichsetzen kann, bleibt für mich unklar,
was Sie mit den »islamischen Prinzipien« meinen. Meinen Sie etwa islamische Gesetzgebung?*
AE: Schauen Sie, Ägypter sind nun mal mehrheit-
lich Muslime und haben eine besondere Beziehung zu

ihrem Glauben. Es wäre undemokratisch, wenn man sich der Meinung der Mehrheit widersetzen und ihr eine Gesetzgebung aufzwingen würde, die weder ihre Kultur noch ihre Religion widerspiegelt.

HAS: Ist das Ihre Definition von Demokratie? Dass man sich dem Willen der Mehrheit beugt? Klingt das nicht eher wie die Diktatur der Mehrheit? Was ist mit den Rechten der Minderheiten, der Kopten, der Bahai, und was ist mit den Areligiösen? Wo sind die Rechte des Individuums? Müssen diese geopfert werden, damit die Mehrheit nicht böse wird?

AE: Natürlich nicht. Und wer sagt, dass der Islam die Rechte der Minderheiten und des Individuums nicht beachtet? Im Mittelpunkt der Arbeit der Muslimbrüder standen immer der Aufbau des Individuums und die Toleranz gegenüber Andersgläubigen.

HAS: Ihre Bewegung hat die Kandidatur eines Kopten oder einer Frau zum Amt des Präsidenten kategorisch abgelehnt.

AE: Das ist nicht meine Haltung. Das war falsch. In einer Demokratie muss jeder Bürger die gleichen Rechte haben wie alle anderen, unabhängig von Religion, Rasse oder Farbe. Das steht übrigens in Artikel 1 unserer Verfassung, also vor Artikel 2.

HAS: Es sieht so aus, als würden sich die ersten beiden Artikel gegenseitig ausschließen. Wissen Sie, wie oft Menschen, ob Muslime oder Angehörige einer Minderheit, in einem muslimischen Land im Namen der

Scharia schikaniert, unterdrückt und sogar ermordet wurden?

AE: Aber das kann nicht an der Scharia liegen, sondern an den Menschen, die sie falsch auslegen. Scharia bedeutet für mich ein Weg in die Gerechtigkeit, allgemeine Prinzipien, die überall gelten wie Gerechtigkeit, Schutz der Schwachen und Solidarität. Der Kern der Scharia, wie es der Prophet formulierte, lautet: Man sollte weder sich selbst noch anderen Schaden zufügen. Alles andere ist erlaubt.

HAS: Aber Sie wissen genauso gut wie ich, dass der Teufel in den Details steckt, und gerade die Definition von »Schaden« oder »Gerechtigkeit« öffnet die Tür für weitere Koranpassagen und Aussagen des Propheten, die die Freiheit des Individuums einschränken. Warum sollte man sich das Leben schwermachen? Muss man das Rad neu erfinden? Wir haben schon die Menschenrechtserklärung der Vereinten Nationen, die Ägypten übrigens unterzeichnet hat.

AE: Weil jede Demokratie Quellen aus dem eigenen Kulturrepertoire für ihre Gesetzgebung braucht, und das ist bei uns unter anderem der Islam.

HAS: Würden Sie, sollten Sie Präsident Ägyptens werden, den Konsum von Alkohol in Hotels verbieten?

AE: Natürlich nicht. Es steht mir nicht zu, mich in die privaten Angelegenheiten der Nichtmuslime einzumischen.

HAS: Und wenn es sich um Muslime handelt?

AE: Die Mehrheit der Muslime ist gegen den öffentlichen Konsum von Alkohol, und ich kann keine Gesetze erlassen, die gegen den Willen der Mehrheit sind.

HAS: Was sind aus Ihrer Sicht die größten Hürden, die Ägypten überwinden muss, um eine wirkliche Demokratie zu werden?

AE: Die Wirtschaftskrise und die sektiererische Gewalt zwischen Muslimen und Kopten. Die Wirtschaft war unter Mubarak planlos und hat zusätzlich unter der Revolution und dem daraus resultierenden Ausbleiben der Touristen gelitten. Ägypten braucht schnelle Beschäftigungsprogramme für junge Menschen und eine starke wirtschaftliche Infrastruktur. Wir brauchen neue Fabriken, nicht neue Moscheen. Wir müssen auch aufpassen, dass die Differenzen zwischen Muslimen und Kopten nicht regelmäßig zu Gewalt führen. Mubarak verkaufte sich dem Westen gegenüber nicht nur als Retter vor den Muslimbrüdern, sondern auch als ein Beschützer der Kopten. Doch die Wahrheit ist, dass er die Spannung zwischen Angehörigen der beiden Religionen mehrmals instrumentalisiert hat, um von inneren Problemen abzulenken. Die Herausforderung für uns Muslime ist, den Kopten nicht nur Schutz, sondern auch volle Gleichberechtigung zu garantieren, weil sie kein Teil des Westens sind und von ihm nicht beschützt werden; sie sind ein Teil Ägyptens, Ägypten sollte sie beschützen und von ihnen beschützt werden.

HAS: Sie wollen doch nicht sagen, dass die Gewalt gegen die Kopten nur eine Manipulation von Mubarak war. Das Problem hatten wir auch vor Mubarak.

AE: Natürlich haben Sie recht. Das Problem ist viel älter. Und jemand, der Gewalt sät, braucht einen fruchtbaren Boden, auf dem Gewalt blühen kann. Und diesen Boden haben wir leider nun seit einiger Zeit. Wir müssen dieses Phänomen durch Bildung und durch echte Demokratie bekämpfen. Wenn ein Muslim das Gefühl hat, dass er ungerecht behandelt wird, sucht er sich einen Sündenbock und wendet sich in unserem Falle gegen die schwächeren Kopten und manchmal auch umgekehrt.

HAS: Gut, dass Sie das Thema Sündenbock ansprechen. Wie würden Sie als Präsident mit Israel umgehen? Werden Sie das Friedensabkommen annullieren?

AE: Wieso sollte ich das tun? Israel hat doch mit Ägypten kein Problem und befindet sich in keinem Konflikt mit uns. Israel hat mit den Palästinensern ein Problem und sollte seine Bemühungen darauf konzentrieren, diesen Konflikt fair zu lösen, statt sich um die Revolution in Ägypten Sorgen zu machen.

HAS: Und wie würde die Beziehung zwischen Ägypten und dem Westen unter Ihrer Präsidentschaft aussehen?

AE: Ein demokratisches Ägypten wird ein viel besseres Verhältnis zum Westen haben, vorausgesetzt, dieses Verhältnis wird auf Gleichberechtigung und gegenseitigem Respekt basieren und nicht wie bislang auf Bevormundung und Misstrauen. Der Westen braucht etwas Zeit, um zu begreifen, dass er sich von den alten Mythen und Lügen über die arabische Welt lösen muss. Außerdem brauchen wir eine neue Art von Geschäftsmoral in der Region. Doppelstandards und Allianzen mit Diktaturen müssen endlich ein Ende haben.

Vergleicht man die Aussagen von Abou el-Fotouh mit denen des Juristen Sobhi Saleh, einem weiteren Führungsmitglied der Muslimbruderschaft, stellt man Differenzen fest. Saleh, der übrigens auch Mitglied der vom Militärrat einberufenen Verfassungskommission ist, wiederholte mehrmals, dass das langfristige Ziel der Bewegung die vollkommene Implementierung der Scharia sei. In einem Vortrag forderte er die Jugend der Gruppe auf, keine Frau zu heiraten, die der Muslimbruderschaft nicht angehört, um die Geschlossenheit der Gruppe nicht zu gefährden. Er meinte, die Muslimbrüder und -schwestern hätten eine gefestigte Moral, einen starken Körper, eine gesunde Urteilskraft, einen wachen Verstand, einen starken Willen und ein aufrichtiges Gebet. Er oder sie ist ordentlich, pünktlich, nützlich für andere und in der Lage, seinen Lebensunterhalt zu verdienen. Es sei deshalb eine Verschwendung, wenn einer, der all diese Eigenschaften besitzt, eine normale Frau heirate, oder umgekehrt eine Frau, die mit diesen Eigenschaften aufwächst, die Ehe mit einem anderen eingehe. Ziel der Bewegung sei die Islamisierung des Individuums, dann der Familie, dann der Gesellschaft, bevor man die Botschaft des

Islam in die Welt trägt. Der Arzt und Journalist Khaled Montaser kommentierte die Aussagen von Saleh als die typische Haltung einer faschistischen Bewegung, die davon lebt, andere auszuschließen. Sogar ein früherer Muslimbruder und Begründer der neuen Partei der Mitte, Wasat, sagte mir im Gespräch, dass ihm die Diktatur Mubaraks lieber sei als die alte Garde der Muslimbrüder. Denn wenn Mubarak jemanden nicht mag, sperrt er ihn ein, aber die Muslimbrüder könnten jemand, der mit ihnen nicht einer Meinung ist, für einen Ungläubigen, also Unmenschen, erklären, was im schlimmsten Fall den Tod bedeuten würde.

Reformer wie Abou el-Fotouh haben deshalb Schwierigkeiten, ihren frischen Wind in die Führungsetagen der Bewegung zu tragen. Dafür ist er extrem beliebt unter den jungen Muslimbrüdern und -schwestern, die ihn gedrängt haben, für das Amt des Präsidenten zu kandidieren. Als er endlich einlenkte und seine Kandidatur bekanntgab, wurde er mit sofortiger Wirkung aus der Muslimbruderschaft ausgeschlossen. Die Art und Weise, wie die Gruppe mit ihm umging, zeigt, wie weit entfernt von einer demokratischen Streitkultur sie tatsächlich ist. Verärgert über den Ausschluss Abou el-Fotouhs, kündigte die Jugendunion der Muslimbrüder an, gemeinsam mit der linken und der liberalen Jugend eine andere Partei zu gründen als die Partei für Gerechtigkeit und Freiheit. Ihnen wurde klar, dass sie mehr Gemeinsamkeiten haben mit jungen Menschen aus ihrer Generation und dass sie ideologisch anders ausgerichtet sind als die alte Garde der Muslimbrüder, die weder die Erfahrung der Revolution noch die Erfahrung des Jungseins im 21. Jahrhundert gemacht haben. Auch diese Jugend wurde sofort aus der Bewegung ausgeschlossen.

Die Union der Muslimschwestern hielt kurz nach der Revolution ihre erste eigene Konferenz ab, unabhängig von den Muslimbrüdern, und erklärte, die Frauen der Bewegung redeten von nun an für sich selbst und ließen sich von den Männern nicht mehr bevormunden.

Wie man sieht, findet auch innerhalb der Muslimbruderschaft eine Revolution statt. Die Bewegung, die genauso alt ist wie Mubarak, kann von diesen Umwälzungen nicht verschont bleiben. Die Rebellion hat zu einem kleinen Kurswechsel innerhalb der neuen Partei der Muslimbrüder geführt. Jedes zehnte Gründungsmitglied ist eine Frau, und immerhin jeder hundertste sogar ein Kopte. Zum stellvertretenden Parteivorsitzenden wurde der evangelische Rechtsanwalt Rafiq Habib gewählt. Ob es sich dabei nur um eine kleine kosmetische Korrektur oder um den Anfang eines Paradigmenwechsels handelt, werden die nächsten Monate zeigen. Doch die Zukunft Ägyptens hängt nicht nur von den Absichten der Muslimbrüder ab, sondern vom politischen Bewusstsein aller Ägypter, von ihrer Wachsamkeit und ihren gemeinsamen Zielen.

Der militante Islamismus nach der Revolution und dem Tod Bin Ladens

Die Diktatorendämmerung hat nun auch den Hindukusch erreicht. Es waren nicht nur die US-Elitesoldaten, die Osama Bin Laden endgültig ausgeschaltet haben, sondern lange davor die arabische Revolution. Überhaupt war Bin Ladens Stern seit mehreren Jahren in die arabische Gosse gefallen, denn außer heißer Rhetorik und Terroranschlägen hatte er der nachwachsenden Generation nichts anzubieten, kein Rezept für ein besseres Leben. Viele nehmen ihm auch übel, dass die Mehrzahl seiner Terroropfer im Irak, in Pakistan und Afghanistan Muslime sind. Jetzt kann Bin Laden in der Meerestiefe ruhen, denn die arabische Bevölkerung braucht keinen Mörder mehr, der sich anmaßt, in ihrem Namen zu sprechen, oder sie zum Aufstand anstiftet.

Als Bin Ladens Al-Qaida das World Trade Center in New York und das Pentagon in Washington angriff, steckte dahinter ein klares Kalkül. Dem Terrornetzwerk ging es um mehr als nur um die Demütigung der Vereinigten Staaten durch die Zerstörung der Symbole ihrer wirtschaftlichen und militärischen Macht. Bin Laden wusste, dass die Amerikaner sofort reagieren und unverhältnismäßige Vergeltung üben würden. Er erwartete, dass dabei viele muslimische Zivilisten ums Leben kommen würden, und hoffte darauf, dass dies die arabischen Massen auf die Straßen brächte, um zunächst die eigenen, aus seiner Sicht unislamischen Regime zu stürzen und danach gegen den großen Feind Amerika vorzugehen. Er erkannte das Potenzial der Wut in der jungen arabischen Generation und wollte davon profitieren. Aus seinen ersten von Al-Dschasira ausgestrahlten Reden nach den Anschlägen geht hervor, dass er eine umfassende Revolution entfesseln wollte. Er appellierte an den Stolz und an die religiösen Gefühle aller Muslime und warb um Unterstützung gegen die »Kreuzritter« aus dem Westen.

Bin Laden rechnete damit, dass der Herbst 2001 Zeuge des großen arabischen Erwachens sein würde. Die Reaktion seiner Feinde hat er richtig eingeschätzt, denn die Vergeltung der USA ließ nicht lange auf sich warten, und auch zivile Opfer hat es reichlich gegeben. Doch die Menschen, in deren Namen er immer zu sprechen vorgab, haben ihn im Stich gelassen. Viele Muslime unterstützten zwar seine Rhetorik, vor allem wenn es um die Befreiung Palästinas oder die Vertreibung der US-Truppen aus den Militärbasen am Persischen Golf ging, doch die Mittel, die er für seinen Kampf einsetzte, konnten nur die wenigsten gutheißen. Die Massen blieben zu Hause, und die große arabische Revolution blieb aus.

Erst im Herbst 2010 und Winter 2011 gingen die arabischen Massen auf die Straße, allerdings nicht im Namen des Dschihad oder sonst einer Ideologie. Sie sind nicht dem Ruf eines Islamistenführers gefolgt, sondern der Einladung junger Internetaktivisten, die nicht den Märtyrertod finden, sondern in Würde und Freiheit leben wollen.

Bin Ladens Stellvertreter, der Ägypter Ayman Al-Zawahiri, versuchte ebenfalls in den 1970er Jahren vergeblich, eine islamische Revolution zu entfesseln. Er wollte die Dschihad-Bewegung in Ägypten etablieren. Er glaubte daran, dass das politische Engagement der jungen Menschen keine Veränderung bringen werde, sondern nur dem System des »Unglaubens« eine weitere Legitimation verleihe. Noch wenige Monate vor der arabischen Revolution sagte er in einer Videobotschaft, friedliche Demonstrationen könnten niemals eine Veränderung in der islamischen Welt herbeiführen. Er hielt die Bemühungen der oppositionellen Gruppen in der arabischen Welt für Zeitverschwendung, denn aus seiner Sicht ist nur der bewaffnete Kampf ein Kampf für die Sache Gottes. Aber seine Botschaften sowie die Verlautbarungen Bin Ladens, die vom 11. September 2001 an bis 2004 von den jungen Arabern sehnsüchtig erwartet wurden, wurden von ihnen in den letzten Jahren ignoriert.

Die arabische Jugend suchte sich andere Idole wie Mahathir bin Mohamad, den ehemaligen Präsidenten Malaysias, oder Recep Tayyib Erdogan, den türkischen Premierminister. Beides Politiker, die zwar den islamischen Charakter ihrer Staaten immer wieder betonen, aber auch die demokratische Grundordnung nicht in Frage stellen. Entscheidend ist, dass diese beiden Politiker in der islamischen Welt nicht nur für ihre Rhetorik beliebt sind, sondern auch weil sie für ihre

Bevölkerung ein gewisses Maß an Wohlstand und Entwicklung erreicht haben.

Wie gesagt, der Terrorismus, die illegale Einwanderung und die arabischen Aufstände haben eine gemeinsame Wurzel: das Erwachsenwerden einer neuen Generation, deren Individualisierung, Verzweiflung und das Gefühl der Demütigung, das an ihr nagt. Eine Generation, die sich im eigenen Land fremd fühlt, weil sie dort kaum Aussicht auf persönliche oder politische Erfüllung hat.

Früher suchte Al-Qaida gezielt junge Muslime aus, die sich von den familiären und staatlichen Strukturen abgekapselt hatten, gab ihnen eine Stimme und einen Auftrag. Der Dschihad war ihr Projekt und ihre Perspektive, um nicht nur ihr Leben, sondern auch die Welt zu verändern. Al-Qaida profitierte eine Zeitlang von der Frustration und Perspektivlosigkeit dieser jungen Menschen und bot ihrem Hass eine Projektionsfläche: die USA. Die erste Generation von Al-Qaida wurde gezielt vom Terrornetzwerk ausgesucht und rekrutiert. Die zweite Generation suchte selbst nach Al-Qaida und bewarb sich. Viele Bewerber aus dieser Generation stammen nicht aus den arabischen Staaten, sondern aus den muslimischen Diaspora-Communities in Europa und in den USA. Die doppelte Entfremdung, Identitätsunsicherheit und Zukunftsängste sowie die politische Stagnation in ihren Herkunftsländern beförderten die radikalen Ideologien unter ihnen. Man löste sich von den geographischen Grenzen des Dschihad. Mit Hilfe der neuen Medien kam es zu der Erfindung einer imaginären globalen muslimischen Identität jenseits der Grenzen des Nationalstaates, was zur Globalisierung des Dschihad führte.

Ein junger Muslim marokkanischer Abstammung verfolgte in Berlin, Rotterdam oder Brüssel die Nachrichten über den Krieg in Afghanistan und fühlte sich beteiligt. Je mehr die jungen Muslime sich aufgrund ihrer sozialen Realität im Westen gekränkt fühlten, desto mehr verbrüderten sie sich im Geiste mit leidenden Muslimen in Ländern, die sie womöglich nicht einmal auf der Landkarte finden konnten. Dies beförderte den Kult des Terrorcamps für viele junge Muslime in Europa.

Zum einen war es eine Flucht aus einer Gesellschaft, von der man überfordert oder verkannt war, zum anderen war es ein Schritt von der imaginären Identität des globalen Islam hin zu einer wahren Begegnung mit Muslimen aus allen Ecken der Welt. Al-Qaida machte diese neue Form der Vergemeinschaftung möglich. Eine Gemeinschaft, die, wenn man von der Ideologie und den Zielen des Terrornetzwerks absieht, extrem modern und innovativ ist. Denn es handelt sich um eine Identität, welche die sprachlichen, geographischen und ethnischen Differenzen überwindet und nur auf gemeinsamen Werten aufbaut. Ja man könnte sagen, sie pflegten das gleiche Modell, das die EU seit Jahren predigt.

Al-Qaida setzt bei ihrer Mobilisierung nicht auf Hoffnung, sondern auf Hass. Der Feind ist deshalb wichtiger als die Akteure des Dschihad. Die jungen Menschen in Tunesien, Ägypten, Libyen, Syrien, im

Jemen, in Jordanien, Marokko und Bahrain, die im Jahr 2011 ihre Proteste auf die Straße trugen, haben sich aber dafür entschieden, zum ersten Mal nicht gegen Phantomfeinde und Sündenböcke, sondern gegen die wahren Ursachen ihrer Misere zu protestieren. Sie blieben trotz massiver Polizeigewalt friedlich und riskierten dabei ihr Leben.

Die unterschiedlichen Geschichten von Mohamed Atta und Mohamed Bouazizi zeigen, dass sich die Zeiten geändert haben und mit ihnen die Formen des Protests. Während die Verzweiflung den ägyptischen Studenten in die Hände von Al-Qaida trieb und zur lebenden Bombe machte, die außer ihm mehrere tausend unschuldige Opfer in den Tod riss, entwickelte sich der Selbstmord des tunesischen Obsthändlers zur größten Befreiungsbewegung der arabischen Geschichte. Nach dem Erfolg der ägyptischen Revolution wurden alle politischen Gefangenen des Landes entlassen. Darunter war Abboud Al-Zumur, der seit 30 Jahren wegen seiner Beteiligung an der Ermordung Sadats in Haft war. Der Anführer der Terrorgruppe Jama'a Islamiya kündigte bei seiner Entlassung den Verzicht seiner Gruppe auf Gewalt als Mittel der Politik und die Akzeptanz der zivilen Staatsordnung an. In einem offenen Brief wandte sich die Gruppe nach dem Tod Bin Ladens an Al-Qaida und mahnte sie, ihren Kurs zu wechseln.

Auf der anderen Seite können auch diese Revolutionen, sollten sie nicht in Demokratisierung und Wohlstand münden, Al-Qaida in die Hände spielen. Auf den Trümmern gescheiterter Staaten und geschei-

terter Experimente blühen bekanntlich radikale Ideologien. Al-Qaida selbst hatte oft genug von der Desta-
bilisierung und von den Unruhen in den gescheiterten
Staaten der islamischen Welt profitiert. Wo der Natio-
nalstaat schwächer wurde, wie in Afghanistan, Soma-
lia und im Jemen, oder wo ethnische und religiöse
Spannungen herrschten, wie in Nigeria, im Sudan und
im Irak, konnten die Gotteskrieger Fuß fassen. Und
selbst nach dem Tod Bin Ladens und der strukturellen
Schwächung Al-Qaidas werden wir einen Boom der
dritten Generation von Al-Qaida, der Do-it-yourself-
Al-Qaida, erleben, vor allem im Westen. Das sind
junge Menschen, die Al-Qaida als Geisteshaltung, als
Idee der Abgrenzung und des Ausdrucks von Wut
und Ablehnung sehen. Im Internet kommen sie der
radikalen Ideologie näher und begegnen Gleichge-
sinnten. Auch dort hören sie die Hasspredigten von
lebenden und toten Al-Qaida-Kämpfern. Im Internet
finden sie ein virtuelles Terrorcamp, dort können sie
auch die Anleitung für ihre persönliche Bombe her-
unterladen. Die Privatisierung des Wissens, die eine
Facebook-Revolution möglich machte, zeigt ihre
dunkle Seite, denn sie führt auch zur Privatisierung
des Terrors.

In Europa und den USA leben zwei Gruppen von
jungen Muslimen, die sich von den radikalen Ideologien der militanten Islamisten nach wie vor angespro-
chen fühlen: »eingeborene« Migrantenkinder und
Konvertiten. Die Moderne versetzt diese jungen Menschen in die Lage, sich von ihrer Herkunft zu distan-
zieren – das kann auch Desorientierung schaffen –,

egal ob bei Deutschen oder anderen. Der Islamismus bietet klare Antworten, eine vereinfachte Aufteilung der Welt in Gläubige und Ungläubige. Das bietet Orientierung. Die jungen Muslime fühlen sich im Schoß der Islamisten als Soldaten Gottes, als eine Vorhut der Revolution.

Die Asymmetrie in der Beziehung zwischen den Migranten und der Aufnahmegesellschaft, die Umbrüche in unserer Welt und die Angst vor der Zukunft sowie die gegenseitigen Ressentiments, die sich wechselseitig hochschaukeln, werden die radikalen Weltanschauungen aller Couleur beflügeln. Die Turbulenzen in dieser Welt werden in den nächsten Jahren zu einer noch tieferen Kluft führen zwischen einem Sarrazin-Volk, das um seine traditionellen Werte und seine gewohnte Lebensweise fürchtet, und einer Generation junger Muslime, die gerne in Selbstmitleid und Lethargie verfällt und sich ohnmächtig fühlt. Eben diese Mischung aus moralischer Überlegenheit und materieller Unterlegenheit, zwischen Ohnmacht und Allmachtsvisionen macht den islamistischen Terror unberechenbar und gefährlich, auch wenn seine Infrastruktur zerstört wird.

Hinzu kommt, dass die religiöse Dimension des Terrorismus in der politischen Debatte kaum Beachtung findet. Oft werden die Psychologie der Täter und ihr soziales Umfeld analysiert, um deren Motive herauszufinden. Doch der islamistische Terrorismus wäre niemals erfolgreich ohne die geistige Kraft, die hinter ihm steht. Zunächst kommen die Koranpassagen, die den Kampf gegen Ungläubige legitimieren, dann der

Märtyrerkult, der eine zusätzliche Motivation für den Terror bietet. Erst der Glaube verleiht dem kalkulierten politischen Akt eine mystische Dimension. Dieser Glaube, ob nun richtig verstanden oder falsch interpretiert, schafft eine menschliche Mauer zwischen dem Täter und seinem Opfer. Die Herabsetzung der Ungläubigen in der religiösen Literatur entmenschlicht die Opfer und lässt kaum Mitleid zu. Erst die göttliche Sprache ermöglicht es dem Attentäter, in eine sakrale Welt einzutreten.

Die arabische Revolution hat gezeigt, wie eine Kultur, die auf Autorität und Hierarchie setzt, die politische Autorität des Herrschers in Frage stellen kann. Wenn die befreiten Staaten nun in dem gleichen Geist weitermachen wollen, dann müssen sie sich irgendwann mit den religiösen Autoritäten und mit der Autorität des »heiligen« Textes auseinandersetzen. Es geht nicht darum, den Koran zu verbieten oder ihn für ungültig zu erklären, sondern es geht darum zuzulassen, über seine Entstehung, den historischen Kontext seiner Teile und den politischen Gehalt seiner Botschaften ohne Tabus zu diskutieren. Erst die Relativierung der Heiligkeit des Korans als direktes Wort Gottes kann den Weg freimachen für die Gedanken der Aufklärung in der arabischen Welt. Der Koran selbst ist nicht reformierbar. Es gilt, die Gedanken der Gläubigen und ihre Haltung zum Koran zu reformieren.

Selbstverständlich gibt es einen Unterschied zwischen der Hinwendung zur Religion und der Radikalisierung. Die Religion bietet neben spiritueller Erfüllung auch klare Orientierung und Handlungsanweisungen, die den Menschen, die von Ambivalenz und Relativismus überfordert sind, sehr attraktiv erscheinen. Der Islamismus bietet Individuen, die sich sowohl von ihren Familien als auch vom »Gastland« oder »Geburtsland« entfremdet haben, eine reale und eine imaginäre Gemeinschaft. Zunächst kommt die Mitgliedschaft in der kleinen Gruppe, die dem neuen Mitglied Anerkennung, Nestwärme und einen Auftrag bietet. Während der Rest der Gesellschaft ihm den Eindruck vermittelt, überflüssig zu sein, geben radikale Gruppen ihm das Gefühl, Teil eines Projekts, ja Teil eines göttlichen Plans zu sein. Man fühlt sich dadurch erwachsen und bedeutend. Eine explosive Mischung aus Minderwertigkeitskomplex und Omnipotenz, aus Verbitterung und Wunsch nach absoluter Reinheit lässt ihn aus seinem Leben ein Experiment machen.

Vor diesem Hintergrund erscheint mir der Tod Bin Ladens als Nebensache. Vielleicht wird sein Tod nur zwei Männern, die in den letzten Jahren politisch blass geworden sind, kurzfristig zu mehr Popularität verhelfen: Osama und Obama. Für die Dschihadisten wird Bin Laden dadurch als Märtyrer gelten, und Obama könnte durch Bin Laden, wie einst sein Vorgänger George W. Bush, seine Wiederwahl sichern.

Während der Tod von Bin Laden fast einstimmig in der westlichen Welt bejubelt wird, scheiden sich die Geister in den islamischen Staaten. Zwei Kondolenzbücher wurden auf Facebook für Trauergäste eingerichtet. Andere machen Bin Laden dafür verantwortlich, dass er das Bild des Islam in der ganzen Welt beschädigt hat.

Die Leiche von Bin Laden mag im Meer für immer verschwinden, aber die große Lücke, die zahlreichen Konflikte und die Asymmetrien, die zwischen der islamischen Welt und dem Westen herrschen, konnten nicht mit ihm versenkt werden.

In die Zange genommen – die orientalischen Christen

Ein Kopte fühlt sich zu Recht angegriffen, wenn er hört, dass die Kopten als »religiöse Minderheit« in Ägypten bezeichnet werden. Denn das Wort »Kopten«, das aus dem Griechischen stammt, war nichts anderes als die ursprüngliche Bezeichnung für die Einwohner Ägyptens. Es waren Kopten, die lange vor der arabischen Eroberung im 7. Jahrhundert in dem Land am Nil lebten. Und auch unter muslimischer Herrschaft blieb die Mehrheit der Ägypter christlich, bis zum 11. Jahrhundert. Das Gleiche galt für die Christen Syriens.

Zu Massenkonversionen zum Islam kam es erst während der christlichen Kreuzzüge (1096–1291). Die orientalischen Christen wollten den Verdacht von sich weisen, Kollaborateure der Kreuzritter zu sein; mit den Zielen westlicher Gotteskrieger wollten sie nicht identifiziert werden. Zudem suchten sie einen Weg, die hohen Steuern zu vermeiden, die Nichtmuslime damals entrichten mussten. Auch während der Zeit des Kolonialismus im 19. Und 20. Jahrhundert mussten die Christen den muslimischen Machthabern gegenüber mehr Loyalität zeigen als die muslimischen Bürger des Landes, um nicht als verlängerter Arm der Kolonialherren betrachtet zu werden.

In Zeiten des Umbruchs in der islamischen Welt fürchteten die Christen immer, zum Kanonenfutter der Veränderung zu werden. Je mehr die Gedanken und die politischen Konzepte der Moderne in der islamischen Welt sichtbar wurden, desto enger wurde der Spielraum für die Christen im Orient. Unter osmanischer Herrschaft lebten die orientalischen Christen in der Türkei sowie in der arabischen Welt zwar wie Bürger zweiter Klasse und waren von vielen Privilegien ausgeschlossen, welche die muslimische Mehrheit genoss, doch staatlich inszenierte Pogrome oder Massenvernichtungen mussten sie nicht befürchten. Mit der verspäteten Ankunft der Idee des Nationalismus, den die osmanischen Armeeoffiziere der Jungtürkenbewegung aus Europa importierten, wurden die orientalischen Christen plötzlich nicht nur als eine andere Ethnie, sondern als Sicherheitsrisiko angesehen. Unter dem Vorwand, christliche Armenier würden mit Russland, dem Kriegsgegner der Osmanen, kollaborieren, kam es zwischen 1915 und 1917 zur Vernichtung von eineinhalb bis zwei Millionen Armeniern, die unter osmanischer Herrschaft lebten. Ihr Schicksal ist mit dem Schicksal der europäischen Juden vergleichbar, die mit dem Aufstieg des Nationalismus in Europa im 19. Jahrhundert starke Wellen des Antisemitismus erleiden mussten, die später in den Holocaust mündeten. Beide Verbrechen wurden nicht von religiösen Eiferern, sondern von Nationalisten begangen. Doch die Etablierung der Juden als ewiges Feindbild der Christen und die tief verankerte antichristliche Haltung in der islamischen Welt sind ohne die religiösen Traditionen nicht zu begreifen. Auch der säkulare Nationalismus schöpft bewusst oder unbewusst aus alten religiösen Mythen, um die historische Kontinuität einer Ethnie zu bekräftigen.

Nach dem Zerfall des Osmanischen Reiches und am Ende des islamischen Kalifats hofften die orientalischen Christen, endlich als gleichberechtigte Bürger in modernen Nationalstaaten leben zu können. Allerdings mussten sie befürchten, zwischen Nationalisten und Islamisten zu geraten und Opfer der Identitätskrise zu werden.

Da lag es relativ nahe, dass ein syrischer Christ namens Constantin Zureiq (1909–2000) auf die Idee kam, die nationale Identität zu erweitern, um geographische und religiöse Grenzen zu transzendieren. Und so erfand er den Panarabismus. Seine Schriften wie »Die arabische Mission« und »Nationale Philosophie« sind für arabische Nationalisten das, was die Schriften von Marx und Engels für die Kommunisten sind. Ein weiterer Vordenker der Bewegung ist Zaki Al-Arsuzi (1901–1968), ein Anhänger der alawitischen Minderheit in Syrien. Seine säkularsozialistische politische Philosophie war maßgebend für die Gründung der syrischen panarabischen Ba'ath Partei (Arabische Sozialistische Partei der Wiedererweckung), ebenfalls von einem syrischen Christen, Michel Aflaq (1910 bis 1989), mitgegründet. In dieser Partei übernahmen meistens Alawiten die Führungsrolle. Alawiten haben eine liberale Haltung zu religiösen Geboten und auch zu Frauen, ordnen sich aber dem Islam unter. Sie werden von der Mehrheit der Muslime jedoch nicht anerkannt. Viele Christen fanden in der Ba'ath-Partei ihre politische Heimat.

Bis heute regiert die Einheitspartei von Assad unangefochten in Syrien. Bald fand der Panarabismus im Irak, wo eine Filiale der Ba'ath Partei gegründet wurde, einen fruchtbaren Boden. Dort wurden die Partei und ihr Anführer Saddam Hussein erst im Jahre 2003 nach der amerikanischen Invasion gestürzt. Doch schon vor der Gründung von Al-Ba'ath war der Panarabismus in Ägypten angekommen. Die Bewegung der freien Offiziere um Gamal Abdel-Nasser war von ihm ergriffen. Der Panarabismus suchte sich, was er brauchte, in der vorislamischen Geschichte zusammen und rekonstruierte alte arabische Mythen, wie zum Beispiel die Ideen von Krieg und Ehre, um eine neue Identität zu erschaffen. Eine Zeitlang nahm man Abstand von islamischen Vornamen und kehrte zur vorislamischen arabischen Namensgebung zurück. Der Sozialist Nasser nannte seinen Sohn »Khaled«, der Alawit Assad nannte seine Söhne »Magd«, »Bassil« und »Bashar«, der Nationalist Saddam nannte seine Söhne »Udai« und »Qusai«, alles Namen von arabischen Kämpfern, die bereits vor dem Islam bekannt waren. Der gemeinsame Feind Israel war der Treibstoff im Motor des Panarabismus, und die zahlreichen Kriege mit ihm beförderten die Wiederbelebung alter arabischer Kriegsmythen. Während orientalische Juden nach der Gründung des Staates Israels fluchtartig Ägypten, den Irak und Syrien verlassen mussten, lebten Alawiten und Christen relativ sicher und hatten zumindest keine staatlichen Repressalien zu gewärtigen. Dies war der Fall etwa im Irak bis zum Sturz von Saddam. Unter dem Deckel der Diktatur wurden viele Konflikte zwischen Schiiten, Sunniten und Kurden gezügelt, die nach dem Sturz des Regimes allerdings wieder an die Oberfläche treten. Irakische Christen geraten zwischen die Fronten und haben selber weder Söldner noch eine Lobby, die für ihre Rechte kämpfen. Obwohl den Christen im Irak von den islamischen Fundamentalisten vorgeworfen wird, Unterstützer der amerikanischen Besatzungsmacht zu sein, taten die Amerikaner bislang wenig, um diese Minderheit wirklich zu schützen. Kirchen werden angezündet, Geistliche enthauptet und friedliebende Bürger nur wegen ihrer religiösen Zugehörigkeit umgebracht. Seit dem 3. Jahrhundert leben Christen im Irak, wo sich einst das Zentrum des orientalischen Christentums befand. Heute müssen viele von ihnen ihr Land verlassen, weil man ihnen deutlich vor Augen führt, dass es nicht mehr ihre Heimat ist.

Auch die syrischen Christen müssen nun fürchten, mit der herrschenden Elite der Ba'ath Partei identifiziert und von den Rebellen verfolgt zu werden. Zwar betonen viele Rebellen, dass sie Freiheit für das gesamte syrische Volk unabhängig von Religion oder Ethnie anstreben, doch andere skandieren bei den Demonstrationen »Den Alawiten den Tod, die Christen nach Beirut«. Auch in Syrien ist über die Jahre eine islamistische Szene gewachsen, die sich nun mit dem Bröckeln der Diktatur mehr und mehr ans Tageslicht wagt. Einige irakische Christen, die nach 2003 den Irak verlassen mussten, kamen nach Syrien, wo sie auf mehr Toleranz hofften. Nun müssen viele von ihnen erneut ihre Koffer packen und nach einem Ort suchen, wo der Mensch nicht nach seinem Glauben beurteilt wird.

In Ägypten kam es bis Anfang der 1970er Jahre kaum zu einer größeren Auseinandersetzung zwischen den Muslimen, die fast 90 Prozent der Bevölkerung ausmachen, und den christlichen Kopten, die zwischen acht und zehn Prozent der Bevölkerung bilden. Die Linken lehnten Sadats Umstellung der ägyptischen Wirtschaft auf das kapitalistische System ab und bildeten starke Fronten gegen sein Vorhaben, woraufhin dieser die Islamisten aus den Gefängnissen entließ und ihnen in den Moscheen und Universitäten freie Hand ließ. Diese haben nicht nur Sadats Öffnungspolitik als islamisch gepriesen, sondern fingen auch an, gegen die Christen im Lande zu hetzen. Die religiös motivierte Gewalt gegen Kopten begann im Jahre 1972, als Christen das Gebäude einer koptischen Stiftung zum Zweck des Gebets verwendeten. Laut dem damaligen Gesetz durften ohne staatliche Genehmigung keine neuen Kirchen gebaut oder renoviert werden. Aufgebrachte Muslime stürmten das Gebäude und steckten es in Brand. Danach kam es bis zum Tod Sadats im Oktober 1981 zu Angriffen auf koptische Einrichtungen und Geschäfte. Unter Sadat stand der Patriarch der koptischen Kirche, Shinoda III, eine Zeitlang unter Hausarrest, weil er mehr Autonomie für die Kirche forderte.

Die ersten Jahre unter Mubarak waren relativ ruhig für die Kopten, doch Anfang der 1990er Jahre gab es erneut Angriffe auf Kirchen und christliche Geschäfte. Gesteuert wurden sie von der terroristischen Dschama'a Islamiyya, die eine Fatwa erließ, die das Ausrauben von Goldgeschäften der Christen erlaubte, um Waffen und Nachschub für die islamistischen Kämpfer zu finanzieren. Vor allem im Süden des Landes, wo eine große koptische Gemeinde lebt, kam es in den letzten Jahren zu Übergriffen auf Kirchen und zur Enthauptung von Geistlichen.

Einige Monate vor der Revolution behauptete der populäre Juraprofessor Selim al-Awwa, Vorsitzender der ägyptischen Gesellschaft für Kultur und Dialog, gegenüber dem Sender Al-Dschasira, die Kopten versteckten in ihren Kirchen geschmuggelte Waffen. Kurz darauf drohte eine im Irak agierende Al-Qaida-Gruppe, koptische Kirchen in Ägypten anzugreifen. Zwei Monate später explodierte in der Silvesternacht die Autobombe vor der Al-Qiddisain-Kirche in Alexandria, 23 Christen starben. Der Fall ist bis heute nicht aufgeklärt. Es handelt sich zwar bei den Tätern um Islamisten, doch richten sich die Vorwürfe gegen den damaligen Innenminister Habib Al-Adly. Er habe von dem Anschlag gewusst und trotzdem keinen Schutz für die Kirche bereitgestellt. Andere werfen dem Minister sogar vor, der Hauptdrahtzieher hinter dem Anschlag gewesen zu sein.

Alexandria war einst die Hauptstadt der Welt. Alle Rassen und Religionen waren hier beheimatet. Doch die Stadt, in die europäische Juden vor dem Antisemitismus und Armenier vor der türkischen Verfolgung flüchteten, kennt heute kaum mehr Toleranz für ihre Ureinwohner, die Christen. In nur 100 Jahren ist die Zahl der Einwohner in der Hafenstadt von 100 000 auf sechs Millionen gestiegen. Die meisten von ihnen leben in Slums, die sich krebsartig um den Küstenstreifen der Stadt legen. Das moderne Alexandria ist verarmt und wurde wie alle Städte Ägyptens islamisch uniformiert. Massen perspektivloser junger Menschen finden dort nur in den Botschaften radikaler Prediger Trost. Während die Gesellschaft diese jungen Leute für nutzlos hält, geben ihnen die Islamisten das Gefühl, wichtig zu sein – als Soldaten Gottes.

Derselbe fromme Juraprofessor, der zuvor vor einer koptischen Verschwörung gewarnt hatte, war auf Al-Dschasira zu sehen, um das Attentat vom 1. Januar 2011 auf eine Kirche in Alexandria zu kommentieren. Diesmal warf er dem Mossad vor, den Anschlag verübt zu haben. Diese Position wird von vielen in Ägypten geteilt. Sogar die Haiattacke im Badeort Scharm al-Scheich im Dezember 2010 wurde als eine Verschwörung des israelischen Geheimdiensts gedeutet. Eine derartig trostlose Gesinnung ist leider auch noch nach der Revolution in Ägypten und in anderen arabischen Staaten typisch.

Selbstverständlich war nach dem Anschlag die Welle der Empörung auch in Ägypten hoch. Doch das reicht nicht. Denn die Bombe, die vor der Kirche explodierte, bestand nicht nur aus Pulver, wie der Schriftsteller Belal Fadl schreibt, »sondern auch aus Indoktrination, verwirrter Kulturpolitik, fragwürdi-

ger Religiosität, krankem Patriotismus und einem ma-
roden Machtsystem, das falsche Prioritäten setzt«. Einer der Kandidaten, der dieses marode Machtsystem
nach der Revolution beerben will, ist der oben ge-
nannte Jurist al-Awwa. Er kündigte seine Kandidatur
für das Amt des Präsidenten an und darf sich sogar
gute Chancen ausrechnen.

Die unmittelbaren Gründe für den Anschlag, der
23 Menschenleben forderte und bei dem beinahe 100
weitere Personen verletzt wurden, sind leicht offenzulegen: Die islamistischen Terroristen suchen Ziele, mit
denen sie Schlagzeilen machen können. Große Attentate in Europa sind ihnen seit den Bombenanschlägen
von London und Madrid nicht mehr gelungen, und
der tägliche Terror im Irak beeindruckt mittlerweile
die Medien kaum noch. Alexandria bot sich also als
leicht zugängliches und für die Weltöffentlichkeit in-
teressantes Ziel an. Gleichzeitig war das Regime in
Ägypten in innenpolitische Schwierigkeiten sowie
Streitereien zwischen dem Innenminister und den Anhängern von Gamal Mubarak, dem Sohn des Ex-Prä-
sidenten, verstrickt. Auch die ersten Nachrichten über
Demonstrationen in Tunesien machten das Regime
nervös. Da kam es gerade recht, dass man seine Rech-
nungen sozusagen auf Kosten der Kopten begleichen
konnte.

Es mag sein, dass die Lage in Palästina und der Irak-
Krieg den Terrorismus und die Unterdrückung der
orientalischen Christen begünstigt haben. Und tatsächlich hat George W. Bush selbst das Stichwort
»Kreuzzug« gegeben. Doch der Terror und die Hetze

gegen die Kopten hatte Ägypten bereits ergriffen, bevor George Bush senior und junior Präsidenten der USA wurden. Der Ursprung des Terrorismus ist vielmehr im Denken einiger Muslime zu suchen: Al-Qaida kann heute nicht in Ägypten agieren ohne die Unterstützung dortiger Radikaler. Vermutlich waren es auch bei dem Attentat auf die Kopten orientierungslose junge Ägypter, die den schnellen Weg ins Paradies suchten. Menschen, denen eingeflüstert wurde, die Kopten seien ein Hindernis für einen homogenen islamischen Staat mit der Scharia als Rechtsordnung.

Nach der Nasser-Revolution 1952 wurden die ägyptischen Juden beschuldigt, die fünfte Kolonne Israels zu sein. Sie wurden verfolgt, enteignet und mussten das Land verlassen. Seitdem ist Ägypten menschlich und kulturell ärmer geworden. Dieses Schicksal könnte nun auch viele Kopten ereilen.

Der Westen war immer ungeduldig, wenig visionär und am sicheren Zugang zu Rohstoffen und Märkten interessiert. Deshalb schloss man aus kurzfristigen strategischen Erwägungen Allianzen mit Diktaturen: mit Mubarak, mit den Saudis, mit Pakistan – natürlich stets den Kampf gegen den Terror beschwörend. Jetzt aber sieht man, dass diese Allianzen langfristig mehr geschadet als genutzt haben, denn die Stabilität in den drei genannten Staaten lässt sehr zu wünschen übrig. Die Diktatur aber begünstigt den Terrorismus, weil sie die Frustration in der Bevölkerung steigert. Nach dem Ende der Diktatur in Ägypten kommen nun alle Krankheiten der Gesellschaft ans Tageslicht.

Aus Angst vor einem ungewissen Ausgang der Re-

volution ordnete der koptische Patriarch an, die Kopten sollten Demonstrationen fernbleiben. Er hatte
vorher leider auch die Vererbung der Macht an den
Sohn Mubaraks begrüßt. Aus der Logik einer unter-
drückten Gruppe ist diese Haltung verständlich, denn
der Status quo ist für diejenigen, die zwischen den
Stühlen sitzen, besser als eine Umwälzung, welche die
Falschen an die Macht bringt. Lieber die Diktatur
Mubaraks als die Diktatur der Scharia, falls die Islamisten an die Macht kommen. Trotzdem beteiligten
sich viele Kopten an den Demonstrationen und bildeten sogar in einer viel beachteten Szene eine Menschenkette um die betenden Muslime, als diese auf
dem Tahrir-Platz von bewaffneten Kamelreitern angegriffen wurden. Auch junge Muslime erwiderten die
Geste und beschützten die Christen, als diese ihren
Gottesdienst auf dem Platz feierten.

Es sah so aus, als hätte die Revolution die Differenzen zwischen Muslimen und Christen endgültig ge-
glättet, doch vier Wochen nach dem Sturz Mubaraks
wurde erneut eine Kirche südlich von Kairo niedergebrannt. Auslöser war ein Liebesdrama: Ein Kopte hatte eine sexuelle Beziehung mit einer Muslimin. Die
muslimische Familie stritt über den Ehrenmord an der
Frau. Der Cousin tötete seinen Onkel, und die Kinder
des Onkels töteten den Cousin. Nach dem Begräbnis
der beiden ging der Klan zur Kirche und steckte sie in
Brand. Weil die muslimische Familie Angst hatte, dass
die Blutrache innerhalb des Klans weiter eskaliert,
entschied man sich, alles auf den Sündenbock zu projizieren.

Am Freitag danach war ich auf dem Tahrir-Platz und sah, wie die nationale Einheit inszeniert wurde. Ein General trug einen Koran und ein Kreuz und rief: »Christen und Muslime sind eine Hand.« Die Masse jubelte ihm zu. Ein muslimischer Geistlicher und ein koptischer Priester umarmten sich demonstrativ. Eine völlig andere Erzählung über die verbrannte Kirche machte die Runde: Die Kirche soll von ehemaligen Staatssicherheitsoffizieren angezündet worden sein, deren Büros überall in Ägypten Tage davor von Demonstranten verwüstet worden waren. Muslimen war es peinlich zuzugeben, dass nicht alles, was schlimm ist in Ägypten, eine Erfindung Mubaraks ist. Auch nach Mubarak bleibt die ewige Krankheit: die Suche nach einem Sündenbock, auf den man seine Schuld laden kann. Wie oft haben diese Demonstranten gehört, wie ein Imam in einer Moschee erklärte, dass der christliche Glaube ein verfälschter sei und dass jene, die an Jesus als den Sohn Gottes glauben, Ungläubige seien? Fast alle. Wer von ihnen wunderte sich, dass in den ägyptischen Schulbüchern nichts über die Kopten, ihre Geschichte und ihren Glauben steht? Wohl kaum einer. Nur im Geschichtsbuch der elften Klasse steht ein kurzes Kapitel über die Kopten. Dieses trägt allerdings den Titel »Die Sonne des Islam scheint über Ägypten«. In jenem Schulbuch wird gelehrt, die Kopten seien von den Römern unterdrückt und daran gehindert worden, ihren Glauben zu praktizieren, bis die Muslime kamen, sie befreit und ihnen Glaubensfreiheit und Wohlstand gebracht hätten. Die Kopten sollen die arabischen Eroberer bejubelt und willkommen geheißen haben. Das Kapitel, das eigentlich über die Kopten aufklären sollte, war nur eine Selbstbeweihräucherung der Muslime, mehr nicht.

Nicht alle Demonstranten waren auf dem Tahrir-Platz an diesem Tag. Mehrere tausend Kopten demonstrierten vor dem Sitz des staatlichen Fernsehsenders, 500 Meter vom Tahrir entfernt, und forderten mehr Schutz für die Christen. Dort sprach ich mit »Hani«, einem 21 Jahre alten koptischen Studenten. Hani war seit Ausbruch der Revolution auf dem Tahrir-Platz dabei und war bei den Demonstrationen am Rücken verletzt worden. Er hoffte, dass sich Ägypten nach dem Sturz Mubaraks ändern würde und dass die Kopten nun alle Bürgerrechte erhielten. Doch der Anschlag auf die Kirche stimmte ihn pessimistisch. »Ich dachte, nach dem 25. Januar lebe ich in meinem Land, aber Ägypten ist noch nicht mein Land. Hier sind Menschen, die Ägypten nur für Muslime haben wollen, und sie sind stark. Der Rest tut nichts nach einem Anschlag auf Christen, außer auf Facebook die Profilbilder zu ändern, auf denen sich Halbmond und Kreuz umarmen«, klagte er. Er stand auf und rief mit der Menge: »Das Volk will internationalen Schutz. Wir bleiben. Wir gehen nicht.«

Zwei Monate später kam es zu einem erneuten Zwischenfall. Eine Christin in Südägypten, die nicht mehr mit ihrem Mann zusammenleben wollte, sich von ihm aber laut ihrem Glauben nicht scheiden lassen darf, floh mit einem muslimischen Busfahrer und kündigte an, zum Islam übergetreten zu sein. Als sich die Nachricht verbreitete, die Frau sei in einer Kirche in Kairo

verhaftet und zur Rückkehr zum Christentum gezwungen worden, mobilisierte die radikal salafitsche
Bewegung mehrere hundert Anhänger (via Internet),
versammelte sich vor einer Kirche in Imbaba bei Kairo
und zündete sie mit Molotowcocktails an. Es kam zu
einer mehrstündigen Schlägerei, bei der acht Kopten
und sieben Muslime starben. Auch hier ließ eine Verschwörungstheorie nicht lange auf sich warten. Saudi-
Arabien, das die Salafisten unterstützt, wollte verhindern, dass Mubarak vor Gericht gestellt wird. Chaos
und Nebenthemen wie sektiererische Gewalt könnten
dies verhindern, bis Saudi-Arabien mit dem Militärrat
verhandeln konnte. Zwar gab und gibt es klare Anzei-
chen dafür, dass Saudi-Arabien eine Demokratie in
Ägypten mit allen Mitteln verhindern will, und es ist
richtig, dass der reiche Golfstaat Mubarak, wie zuvor
schon Ben Ali von Tunesien und Saleh aus dem Jemen,
aufnehmen will. Doch zu behaupten, die muslimischen Ägypter hätten partout nichts gegen Kopten
und alles sei eine Manipulation von außen, entspricht
dem Niveau der Verschwörungstheorie des israelischen Hais im Roten Meer.

Ägypten und alle anderen arabischen Länder stehen
am Scheideweg. Entweder entscheidet man sich für
eine echte Demokratie und damit auch für eine Gleichberechtigung von Mann und Frau, von Christen, Muslimen, Bahai, Alawiten, Kurden und Areligiösen, oder
diese Demokratie wird daran scheitern, dass man die
Vergangenheit nicht hinter sich lassen kann. Immer
scheiterte die Modernisierung in der arabischen Welt

an zwei hohen Mauern: der Stammeskultur und der Religion. Beide Mauern waren der beste Schutz für Diktatoren. Die arabischen Nationen müssen beide Mauern niederreißen, oder zumindest einige Durchgänge öffnen. Die Ägypter sollten nach ihrem verlorenen Alexandria suchen, die Iraker nach Bagdad und die Syrer nach dem alten Damaskus. Alle sollten den Mut haben, bevor es zu spät wird, die Tore der Städte wieder zur Welt hin zu öffnen.

Der Weg nach Gaza
führt über den Tahrir-Platz

Aus nachvollziehbaren Gründen war der Status quo im Nahen Osten für Israel immer eine bessere Option als jede Umwälzung, denn jede Veränderung in der Region brachte neue Feinde für den jüdischen Staat mit sich.

Auf das Wort Revolution reagieren deshalb viele Israelis allergisch. Die Nasser-Revolution im Jahre 1952 brachte in Ägypten eine Militärdiktatur an die Macht, welche die Feindseligkeit gegenüber Israel zu ihrem wesentlichen Identitätsmerkmal machte. Zwei Kriege waren die Konsequenz. Auch zur islamischen Revolution im Iran 1979 gehörten von Anfang an die antiisraelische Rhetorik und die Infragestellung des Existenzrechts Israels. Mühsam erkämpfte man sich einen kalten Frieden mit Ägypten und Jordanien Ende der 1970er Jahre und immerhin die kalte Schulter der übrigen arabischen Staaten. Israel konnte gut damit leben, dass die Friedensverträge nicht mit der Bevölkerung in Ägypten und Jordanien, sondern mit zwei Männern ausgehandelt wurden: Sadat und König Hussein. Aber Israel konnte sich nicht aussuchen, mit wem es den Frieden schließt. Ein Schwachpunkt des Friedensvertrags liegt auch darin, dass er die Beziehung zwischen Israel und seinen beiden Nachbarn regelt, aber keine Lösung des palästinensischen Problems vorsieht.

Nun erwacht Israel wie der Rest der Welt und muss erkennen, dass es von nun an nicht mehr von 22 Diktatoren, sondern von 315 Millionen arabischen Bürgern umgeben ist, die plötzlich ihre Stimme zurückgewonnen haben und bei allen politischen Themen mitreden wollen. Millionen von Arabern gingen ohne staatliche Genehmigung auf die Straße, nicht um die israelische Fahne zu verbrennen und »Tod Israel« zu rufen, sondern um »eine Demokratie wie in Israel zu haben«, wie eine vollverschleierte Demonstrantin auf dem Tahir-Platz einem französischen Journalisten sagte. Selbstverständlich gab es Plakate, die Mubarak mit Davidstern auf dem Kopf zeigten, die man wohl als antisemitisch bezeichnen kann oder auch lediglich als den Versuch, zwei Feinde der Demonstranten zu diffamieren. Ja, auch für die meisten demokratiedurstigen Demonstranten gilt Israel nach wie vor als Feind.

Die Frage ist nur, warum die Ägypter 32 Jahre nach dem Abschluss des Friedensvertrags Israel nach wie vor als Feind betrachten, obwohl es seitdem nie wieder zu einer kriegerischen Auseinandersetzung zwischen beiden Staaten gekommen ist und obwohl Israel mit ägyptischem Erdgas 40 Prozent seines Energiebedarfs deckt und die Ägypter von der Agrartechnologie der Israelis seit Jahren profitieren. Das Mitleid der Ägypter mit den Palästinensern ist ein Grund dafür, doch nicht der zentrale. Mubarak wusste zwar, dass Sadat wegen des Friedensvertrags mit Israel ermordet und dass Ägypten aus dem gleichen Grund aus der

Arabischen Liga ausgeschlossen worden war, wollte
aber an dem Vertrag festhalten. Und das nicht nur, um
die Amerikaner nicht zu verärgern, die Ägypten mit
Milliardenhilfen versorgten, sondern weil er wusste,
dass Ägypten nicht imstande sein würde, einen Krieg
gegen Israel militärisch wie wirtschaftlich zu überste-
hen. Doch den Ägyptern, die vom Alleingang Sadats
verärgert waren, musste er vermitteln, dieser Frieden
sei lediglich eine »strategische Option«, also vorüber-
gehend. Israel blieb auch unter Mubarak in den Schulbüchern und staatlichen Medien der Feind. Antiisraelische Hetze war immer eines von Mubaraks Lieb-
lingsmitteln, um von innenpolitischen Spannungen
abzulenken. Obwohl Demonstrationen in Ägypten
laut dem geltenden Kriegsrecht strikt verboten waren,
ließ Mubarak diese zu, solange es sich um antiwestliche oder antiisraelische Kundgebungen handelte.
Den internationalen Medien gab er sich als Verteidiger
und Garant des Friedens, für den Hausgebrauch verwendeten er und seine Minister eine völlig andere
Rhetorik. Deshalb kann man ihn nicht als Mann des
Friedens bezeichnen, weil er statt eine Erziehung zum
Frieden eine Erziehung zum Hass förderte.

Während Demonstranten auf dem Tahrir-Platz ihre
Opfer zählten und Vermisste suchten, kam die Nachricht, der israelische Ministerpräsident Benjamin Netanjahu würde in Europa und den USA dafür werben,
Mubarak gegen die Freiheitsbewegung zu unterstützen, da er ein zuverlässiger Partner im Friedenspro-
zess sei. Dies hat nicht unbedingt zu mehr Israel-Hass
in Ägypten geführt, denn der Hass auf den jüdischen

Staat war schon seit seiner Entstehung fester Bestandteil der ägyptischen Identität. Doch am nächsten Tag waren auf dem Platz deutlich mehr Plakate zu sehen, die Mubarak mit dem Davidstern zeigten und als zionistischen Agenten bezeichneten. Netanjahus Vorschlag steht in einer langen Tradition der israelischen Außenpolitik, die zwar für die Sicherheit Israels effektiv, doch für die Etablierung eines wirklichen Friedens kontraproduktiv war. Inspiriert von Netanjahus Appell, kündigte der Cousin des syrischen Diktators Assad, Rami Makhlouf, im Interview mit der »New York Times« an, dass die Stabilität von Assads Regime eine Garantie für die Sicherheit Israels sei. Auch Gaddafi schickte laut Bericht der »Jerusalem Post« Anfang Juli eine geheime Delegation nach Israel, um das Image Libyens zu verbessern. Die Delegation traf die Oppositionsführerin Livni und Vertreter der libyschstämmigen Juden, denen Gaddafi große Summen Geld anbot, um die »libysche Sache« zu unterstützen. Zwei Regime, die früher stark antiisraelisch waren, entdecken nun ihre tiefe Freundschaft zum jüdischen Staat, um Entlastung zu finden.

Der israelische Premier konnte oder wollte nicht begreifen, dass Mubarak und die anderen Diktatoren nicht ewig künstlich beatmet werden können und dass für die Demonstranten am Tahrir-Platz Jerusalem nicht der Nabel der Welt ist. Es ist zwar viel verlangt, dass Israel diesen Prozess nur als Zuschauer von außen beobachtet, doch nur Konzepte von gestern anzuwenden oder in Panik über den möglichen Sieg der Islamisten zu verfallen hilft Israel auch nicht. Den

Hass auf Israel, den nicht nur die Islamisten, sondern auch die Linken stetig nähren, werden die Araber nicht binnen Wochen überwinden können. Sogar der stellvertretende Vorsitzende der traditionsreichen liberalen Wafd Partei, Ahmed Ezz El-Arab, leugnete neulich in einem Interview mit der »Washington Times« den Holocaust und behauptete, die Anschläge auf das World Trade Center »9/11« seien von den Amerikanern selbst inszeniert worden und die Tagebücher von Anne Frank seien Fälschungen.

60 Jahre der systematischen Erziehung zum Hass sowie die Instrumentalisierung von Feindbildern haben die Köpfe vieler Menschen in der arabischen Welt geformt, und es bedarf langer Aufklärungsarbeit, bis sich diese weitverbreitete Haltung ändern kann.

Was Israel tun kann ist, sich zum Recht der Völker auf Selbstbestimmung zu bekennen, die Palästinenser freilich eingeschlossen. Ein demokratischer Staat wie Israel kann auf Dauer seine Existenz nicht durch labile Abmachungen mit Diktatoren sichern und braucht neue demokratische Verbündete in der Region. Leider kamen bislang aus Israel keine neuen politischen Signale, die davon zeugen, dass das Land die Botschaften aus Ägypten und Tunesien verstanden hat.

Statt auf die Palästinenser mit einer neuen Perspektive für einen wirklichen Frieden zuzugehen, enttäuschte Netanjahu in seiner Rede in den USA mit der gewohnten Rhetorik. Die völkerrechtlich relevanten Grenzen von 1967 lehnte er ab, weil diese nicht zu verteidigen seien. Eine Logik, die nicht eben eine Bewegung nach vorne signalisiert, sondern die Rückbesinnung auf die Sicherheitspolitik der 1960er Jahre.

Und so verharrt Israel in der Defensive und beschwert sich über die Versöhnung von Hamas und Fatah in Kairo, über die Öffnung der Grenze zwischen Gaza und Ägypten und den Plan der Palästinenser, den eigenen Staat auszurufen, obwohl alle drei Vorhaben eine Chance in sich bergen. Denn die Versöhnung kam auf Druck der jungen Menschen in Gaza und im Westjordanland zustande, die von den Revolutionen in Ägypten und Tunesien inspiriert waren und damit drohten, auf die Straße zu gehen, falls die verfeindeten Fronten ihre Differenzen nicht hinter sich lassen. Auch die Öffnung der Rafah-Grenze kann als eine moralische Entlastung für Israel betrachtet werden, denn dadurch können Personen und Güter passieren, die vom ägyptischen Militär kontrolliert werden. Dies macht sowohl eine Seeblockade von Gaza als auch eine Show-Hilfs-Flottille aus dem Ausland überflüssig.

Während Israel fast der erste Staat war, der die Anerkennung des neugeborenen Südsudans im Juli 2011 ankündigte, warb die israelische Diplomatie bei vielen Staaten dafür, den Antrag der Palästinenser in den Vereinten Nationen auf die Anerkennung eines unabhängigen Staates abzulehnen. Die Begründung dafür lautete, ein Palästinenserstaat könne nur durch bilaterale Verhandlung entstehen. Nun verhandeln die Palästinenser und die Israelis seit 1991, und es ist bisher nicht zu einer Realisierung dieses Traumes der Palästinenser gekommen. Natürlich lag das nicht nur an der israelischen Siedlungspolitik, sondern auch an der Sturheit von Arafat und am Terror der Hamas. Doch das Hinauszögern der Entstehung eines mündigen, überlebensfähigen Staates wird den Radikalen immer neue Argumente für die Gewalt liefern. Ein kluger Schachzug der Israelis wäre die Annahme des Angebots des saudischen Königs Khalid aus dem Jahr 1975, das Israel auffordert, sich in die Grenzen von 1967 zurückzuziehen und dafür eine Anerkennung Israels von allen arabischen Staaten zu bekommen. Dieser Vorschlag wurde vom jetzigen saudischen König wiederholt. Dies würde die Hamas in Bedrängnis bringen. Erkennt sie Israel an, so stellt sie das eigene Existenzrecht in Frage. Lehnt sie ab, dann kann Israel der Entstehung eines Palästinenserstaates nur in der Westbank zustimmen. Gaza könnte dazustoßen, wenn die Hamas einlenkt oder durch die eigene Bevölkerung entmachtet wird.

Aber auch die arabischen Staaten haben früher mehrere Chancen verpasst, als Israel nach dem Sieg im Sechs-Tage-Krieg 1967 anbot, die besetzten Gebiete zurückzugeben, wenn die Araber im Gegenzug das Existenzrecht Israels nicht mehr bestreiten. Auch Arafat ging im Jahre 2000 auf die Zugeständnisse des damaligen israelischen Premierministers Ehud Barak nicht ein, weil er auf dem Rückkehrrecht für alle palästinensischen Flüchtlinge beharrte. Immer kommt die eine Seite mit einem Vorschlag, wenn die andere Seite nicht imstande ist, diesen zu akzeptieren. Heute gilt die Besetzung der Golanhöhen und von Teilen der Westbank als Garantie für die Sicherheit Israels. Das ist zwar ein klarer Verstoß gegen das Völkerrecht, doch die Sonderlage Israels macht diese Haltung nachvollziehbar. Denn weder bei den Palästinensern noch bei den Syrern und auch nicht bei den Libanesen gab es in den letzten Jahren einen Anführer vom Kaliber Sadats, dem Israel als Friedenspartner wirklich vertrauen konnte. Israel kann nun darauf hoffen, dass nach Assad und Mubarak demokratische Regime in Ägypten und Syrien entstehen, die sich von alten nationalistischen Denkmustern lösen und pragmatisch mit der Situation umgehen.

Man muss beide Seiten in Haftung nehmen. Auch die jungen Menschen in Gaza müssen begreifen, dass Hass, Terror und der Märtyrerkult keine Lösung für ihre Probleme sein können, denn diese feindselige Haltung veranlasst Israel immer wieder dazu, Gaza anzugreifen, die Infrastruktur zu zerstören und viele Menschen, darunter viele Zivilisten, zu töten. In der Westbank hingegen kam es in den letzten Jahren vor allem unter der Regierung Fayyads, aber auch durch israelische Unterstützung zu einer positiven wirtschaftlichen Entwicklung, weil von dort aus keine Terroranschläge verübt wurden. Statt nur Israel für ihr Leiden verantwortlich zu machen, müssen die Menschen in Gaza nach dem Feind im Inneren suchen. Und dieser heißt Hamas. Gaza braucht einen eigenen Tahrir-Platz.

Auch die Palästinenser müssen Zugeständnisse machen, wenn sie ihren Traum vom eigenen Staat wahr werden lassen wollen. Das Recht zur Rückkehr aller palästinensischen Flüchtlinge ist ein Hindernis für

jede Regelung des Problems. Denn die Rückkehr von
über vier Millionen Palästinensern aus dem Libanon,
aus Syrien, den Golfstaaten, Jordanien, Ägypten,
Nordamerika und Europa würde Israels Ende bedeuten. Abgesehen davon, dass die meisten dieser Flüchtlinge nicht in Palästina geboren sind und in vielen Fäl-
len längst Bürger anderer Staaten geworden wären,
wenn diese Staaten dies gewollt und zugelassen hätten,
wäre die Rückkehr all dieser Menschen eine enorme
Belastung für ein neugeborenes Palästina, das ohnehin
überbevölkert ist und im Falle Gazas auf engstem
Raum beschränkt ist. Deshalb wäre das »Recht zu
bleiben« eine Alternative zum Recht auf Rückkehr.
Staaten wie Syrien, der Libanon und die Golfstaaten
haben diesen Flüchtlingen keine Bürgerrechte verliehen und somit ihren Flüchtlingsstatus zementiert. Im
Libanon zum Beispiel leben seit den 1970er Jahren
rund 400 000 palästinensische Flüchtlinge. Auch diejenigen, die im Libanon geboren sind, erhalten weder
die libanesische Staatsbürgerschaft noch sind sie auf
dem Arbeitsmarkt gleichberechtigt, geschweige denn,
dass man ihnen überhaupt eine Arbeitserlaubnis ge-
währt. Manche von ihnen durften sogar eine Zeitlang
ihr Lager nicht verlassen. Was eine eindeutige Diskriminierung darstellt, wird den leidenden Palästinensern als eine Maßnahme zur Bewahrung ihrer Identität und ihres Rechts auf Rückkehr verkauft. Im Rahmen einer internationalen Regelung könnten diese
Flüchtlinge entschädigt und in den Ländern, in denen
sie jetzt leben, eingebürgert werden. Zu einem unabhängigen Palästina können sie natürlich als vereinzelte

Gäste oder Investoren zurückkehren, aber nicht als Masse direkt nach der Entstehung des Staates. Diese Regelung ist allerdings moralisch nicht haltbar, solange Israel weiterhin Siedlungen für die aus den USA sowie aus Osteuropa zugewanderten Juden baut.

Alle anderen arabischen Nachbarn müssen begreifen, dass sie in den letzten Jahrzehnten zu viel Energie und Ressourcen mit dem Hass auf Israel vergeudet haben und dass der jüdische Staat nicht der Grund ihrer Misere war. Zur Demokratisierung gehört auch das Lernen, dass die eigene Version der Geschichte nicht unbedingt die richtige ist. Vieles, was die Diktatur den Untertanen über die Welt beibrachte, war tendenziös und irreführend. Auch das, was über Israel und über die Juden insgesamt erzählt wurde, gehört dazu. Eine neue Bildungspolitik ist daher dringend nötig, um sich von der Selbstverherrlichung, von der Opferrolle und von den klassischen Feindbildern zu lösen. Eine neue Lesart der Geschichte ist notwendig, welche die Sichtweise der anderen Seite nicht außer Acht lässt. Araber müssen mehr über die jüdische Geschichte und über den Holocaust erfahren, um die Psyche ihrer Nachbarn zu verstehen. Dadurch wird man lernen können, Konflikte nicht mehr emotional, sondern pragmatisch zu betrachten und praktikable Lösungen zu suchen, mit denen auch die andere Seite leben kann. Israel wiederum muss sich besser um seine arabischen Bürger kümmern und ihnen die volle Gleichberechtigung zubilligen. Hilfreich wäre sicher auch, das Erlernen der arabischen Sprache in den Schulen wieder zur Pflicht zu machen. Damit könnte auch eine Trennung in jüdi-

sche und muslimische bzw. christliche Schüler aufgehoben werden. Eine Trennung, die einem zukünftigen
Miteinander nicht dienlich sein kann.

Auch kann Israel es sich nicht mehr leisten, als Insel
im Ozean des Hasses zu leben. Die militärische Überlegenheit alleine wird die Sicherheit des Staates auf
Dauer nicht garantieren. Ein Rüstungswettlauf zwischen Israel, dem Iran und Saudi-Arabien unter Beibehaltung der gleichen Geisteshaltung in den drei
Staaten wird automatisch zum nächsten Krieg führen.

Die politische, wirtschaftliche und demographische
Entwicklung in der gesamten Region wird diese Spannung nicht länger aushalten können. Auch der kalte
Frieden ist langfristig schädlich für alle Seiten. Ein
»warmer« Frieden wird aber nicht auf Basis der Legende Abrahams und nicht durch den interreligiösen
Dialog erreicht. Diese sind nur der Luxus der jüdischen und muslimischen Diaspora, die es sich leisten
kann, in Legenden zu flüchten.

Was den Nahostkonflikt angeht, so können wir beobachten, dass unversöhnliche Töne und besonders
kompromisslose Haltungen oft aus muslimischen und
jüdischen Kreisen in den USA und Europa zu hören
sind. Während Israelis und Palästinenser vor Ort miteinander ringen, um praktikable Lösungen zu finden,
beschäftigt sich die jüdische und muslimische Diaspora mehr mit den Fehlern der jeweils anderen Seite.
Selbstkritik? Wozu. Doch warum ist das so?

Die Diaspora hat ein schlechtes Gewissen. Die Leute sagen: Uns geht's gut hier. Es steht uns nicht zu, den
Menschen in Israel vorzuschreiben, was sie zu tun

oder zu lassen haben. Wir sollten sie lieber unterstützen, heißt es oft. Anders als die Menschen im Nahen Osten, die den Konflikt gelegentlich rational und praxisbezogen interpretieren können, neigt die Diaspora offenkundig häufig dazu, zum gleichen Konflikt in einer praxisfernen Emotionalität Stellung zu beziehen.

Auf der anderen Seite gibt es Juden, die das Existenzrecht Israels in Frage stellen, und Muslime, die aus Selbstreflexion Selbstgeißelung betreiben. Diese Extremkritiker, die oft nur maskierte Opportunisten sind, werden gerne von der jeweils anderen Seite als Kronzeugen ihrer Sichtweise bejubelt, obwohl sie nichts tun, außer Öl ins Feuer des Konflikts zu gießen. So ist aus dem jüdisch-islamischen Dialog nur allzu selten etwas Positives hervorgegangen.

Nicht Legenden, Gebote und heilige Stätten, sondern gemeinsame Interessen sollen Gegenstand des Dialogs sein. Nicht nach Parallelen zwischen der Islamkritik von heute und dem Antisemitismus des 19. und 20. Jahrhunderts ist zu suchen, sondern danach, wie Muslime aus der Geschichte der jüdischen Reformation und Emanzipation in Europa lernen können. Nicht der interreligiöse Dialog, sondern wirtschaftliche Interessen sollten die Basis für einen »warmen« Frieden sein. Israel verfügt über Know-how in der IT-Branche, in der Agrar-, Wasserentsalzungs- und Solartechnologie, das für die gesamte Region von größtem Nutzen sein kann. Dafür gibt es einen Absatzmarkt von 300 Millionen überwiegend jungen Arabern. Viele von ihnen sind schon heute neugierig darauf, wie Israel wirklich aussieht, wollen dorthin reisen und

Geschäfte machen. Aber sie würden ein schlechtes Gewissen haben, wenn sie von Israel profitieren, während die Palästinenser noch nicht von ihrem Selbstbestimmungsrecht Gebrauch machen können. Sollte es zu einer fairen Regelung des Konfliktes kommen, wäre eine gewaltige psychische Hürde auf dem Weg zu einer fruchtbaren Zusammenarbeit überwunden. Die Vision einer riesigen Freihandelszone in der Region kann mehr Wohlstand und wirkliche Stabilität bringen. Die Alternative dazu ist nur die Hinauszögerung der Katastrophe, denn der Status quo ist spätestens seit der arabischen Revolution eine tickende Zeitbombe.

Krieg oder Frieden.
Wohin treibt die arabische Revolution?

In vier Wochen schafften es die Tunesier, ihren lang-jährigen Diktator loszuwerden. Den Ägyptern reichten 18 Tage. Euphorie brach weltweit aus. Ein Dominoeffekt war nun überall in der arabischen Welt zu erwarten. Ich gehörte selbst zu den großen Optimisten und sagte bereits vor dem Sturz Mubaraks dem »Heute Journal« am 1. Februar, die Tunesier und Ägypter hätten nun eine Sterbeurkunde für alle arabischen Diktaturen ausgestellt. Ein Schneeball sei ins Rollen geraten und würde immer größer, es gebe kein Zurück mehr.

Nach dem Sturz der Despoten in Tunesien und Ägypten reagierten die Golfstaaten nervös und boten ihrer Bevölkerung finanzielle Vorteile an. In Marokko, im Oman und in Jordanien zeigten sich die Macht-haber versöhnlich und kündigten politische Reformen an. Noch nie nahmen die Machthaber die eigene Be-völkerung so ernst wie im Winter und Frühjahr 2011. Das gab Anlass zur Hoffnung, dass sich die arabische Welt, wie wir sie bislang kannten, gewaltig transfor-mieren würde. Mittlerweile habe ich meinen Optimis-mus zwar nicht aufgegeben, musste aber meine Eu-phorie bremsen. Heute benutze ich die Metapher des Schneeballs weniger häufig. Die Ereignisse vergleiche

ich eher mit dem Spiel »Mensch ärgere dich nicht«, wo
es in rasantem Tempo vorwärts und rückwärts geht
und wo wir oft nach deutlichem Fortschritt wieder auf
dem Ausgangsfeld landen. Und so kehrt der Begriff
Revolution zu seiner ursprünglichen Bedeutung zurück, als er im 15. Jahrhundert eingeführt wurde. Der
Erste, der diesen Begriff verwendete, war der Astro-
nom Nikolaus Kopernikus; er meinte mit »De revolu-
tionibus orbium coelestium« das Zurückwälzen oder
die Rückkehr der Himmelskörper zu ihrem Aus-
gangspunkt. Doch was in der arabischen Revolution
wie ein Rückschlag oder eine Umkehr aussieht, ist die
natürliche Entwicklung einer verspäteten Revolte.

Die Entwicklungen in Libyen, im Jemen, in Bahrain
und Syrien zeigten, dass es nicht reicht, wenn die
Menschen ihre Ängste ablegen und auf die Straße gehen, um den Diktator zu bezwingen. Gaddafi verhielt
sich anders als Ben Ali und Mubarak. Er ging nicht auf
die Forderungen der Demonstranten ein, sondern be-
zeichnete sie von Anfang an als Ratten. Er versprach
keine Reformen, sondern Härte gegen die Rebellen.
Auch sein Militär verhielt sich anders als in Ägypten
und Tunesien. Da die Streitkräfte in Libyen hauptsächlich aus Milizen bestehen, die den Söhnen Gaddafis unterstellt sind, gab es nur wenige Fälle von Deser-
tion. Gaddafis Truppen schossen auf die Bevölkerung
und hielten ihn dadurch an der Macht. Dies bot den
Diktatoren im Jemen, in Syrien und Bahrain eine viel
attraktivere Option als die von Ben Ali und Mubarak.
Sie begriffen, dass weiche Diktatoren durch Demonstrationen stürzten, weil man Rücksicht auf die Zahl

der Toten nimmt, während harte Diktatoren länger
überlebten, weil sie skrupellos zuschlagen und bereit
sind, über Leichen zu gehen. Zwar sind Gaddafi und
Saleh mittlerweile auch zu politischen Leichen mu-
tiert, doch die Militarisierung der Aufstände in ihren
beiden Ländern beschädigte den friedlich Charakter
der arabischen Revolution und unterbrachen den Dominoeffekt aus Tunesien und Ägypten. Denn die Sturheit der beiden Diktatoren führt dazu, dass sich die
Rebellen bewaffneten, was eine politische Lösung
nach dem Sturz des Diktators erschweren dürfte. Je
länger der Kampf andauert, desto mehr verlernt man
die Kunst des Verhandelns. Kämpfern, die gelernt haben, Konflikte mit Gewalt zu lösen, wird es später
schwerfallen, auf ihre Waffen zu verzichten, um politische Kompromisse einzugehen. Die im Jemen und in
Libyen verankerten Stammesstrukturen und die Bedeutung der Blutrache werden dafür sorgen, dass nach
dem Sturz des Diktators, der nur eine Frage der Zeit
ist, in absehbarer Zeit keine stabile zivilgesellschaftliche Struktur entstehen wird. Zwar plädiert ein Teil der
Kräfte, die die Revolte entfesselt haben, für Demokratie und Rechtsstaatlichkeit, doch die religiösen und
patriarchalischen Strukturen scheinen viel stärker zu
sein.

Sogar in Tunesien und Ägypten, die über ein Min-
destmaß an demokratischen Traditionen und zivilge-
sellschaftlicher Infrastruktur verfügen, ist der Weg zu
einer wirklichen Demokratie sehr steinig, denn in beiden Ländern sind die Kräfte der Gegenrevolution
stark. Anhänger der alten Regime, die entweder um

ihre Privilegien fürchten oder vor juristischer Verfolgung Angst haben, arbeiten unermüdlich daran, dass der demokratische Aufbau scheitert. Da sie ihre Männer noch überall in den wichtigsten Einrichtungen beider Länder haben (Polizei, Justizministerium, Medien, Banken sowie in der Verwaltung), gelingt es ihnen immer wieder, Unruhe zu schüren und Engpässe bei den Nahrungsmitteln vorzutäuschen, was zu einer Überteuerung führt. Dies löst bei einem großen Teil der Bevölkerung, der sich an der Revolution nicht beteiligt hat, negative Gefühle gegenüber der Veränderung aus. Die Ungeduld der Unterschicht und ihr Wunsch, die Früchte der Revolution zu ernten, bevor die Saat überhaupt aufgegangen ist, ist ein unfreiwilliger Teil der Gegenrevolution. Genau auf diese Bevölkerungsteile setzen die Anhänger des alten Regimes und sehen in ihnen Wähler für die kommenden Wahlen. Zum einen manipulieren sie die Preise für Benzin und Nahrungsmittel, zum anderen schicken sie die Schlägerbanden los, um die Menschen in Angst und Schrecken zu versetzen. Sie bleiben aber nicht mehr bei ihrem alten »Kamel gegen Facebook«, sondern erobern auch die sozialen Netzwerke im Internet und versuchen, sie zu ihren Gunsten zu manipulieren.

Zwar wurden die Verfassungspartei von Ben Ali und die Nationalpartei von Mubarak offiziell aufgelöst, aber deren Mitglieder können sich rasch neu organisieren und entweder als unabhängige Kandidaten oder als neue Partei bei den Wahlen antreten. Wahrscheinlich wird es nicht zu einer erneuten Wahlfälschung kommen, doch dies garantiert nicht, dass die neugewählten Parlamente den Erwartungen der revolutionären Kräfte in beiden Ländern entsprechen werden.

Gerade in Ägypten, wo viele Menschen unter Analphabetismus und Armut leiden und wo es üblich ist, Stimmen zu kaufen, können Kandidaten, die über größere finanzielle Ressourcen verfügen, die Armen für sich gewinnen. Reiche Geschäftsleute, die mit dem alten Regime Geschäfte machen, Kandidaten der Muslimbrüder, die mit finanzieller Hilfe aus Katar, und Salafisten, die mit der Unterstützung Saudi-Arabiens rechnen können, werden viel bessere Karten haben als liberale und linke Kandidaten, die über geringe finanzielle Ressourcen verfügen. Deshalb darf man nicht hoffen, dass freie Wahlen automatisch ein demokratisches Parlament hervorbringen werden. Dennoch werden diese Wahlen ein wichtiger Schritt sein, um eine wirkliche Demokratie langfristig zu etablieren, denn in beiden Ländern wird zum ersten Mal öffentlich über Wahlprogramme diskutiert. Debatten zwischen Präsidentschaftskandidaten werden im Fernsehen live übertragen und von vielen Menschen verfolgt. Viele junge Menschen, die früher nie wählen gegangen wären, warten jetzt sehnsüchtig auf die Wahlen.

Darunter ist Ragi (24), Student an der Universität Kairo, den ich eine Stunde nach seiner Entlassung aus dem Militärgefängnis kennengelernt habe. Er wurde am 9. März von der Militärpolizei verhaftet, gefoltert und vor Gericht gestellt, nur weil er demonstriert hatte. Sein Vater, der sich über seine Entlassung freute, erzählte mir, dass Ragi früher apolitisch war und sich

immer aufregte, wenn sein Vater die Nachrichten hörte. »Es gibt sowieso nichts Neues«, maulte er. Nachdem er mir die Spuren der Folter an seinem Körper
gezeigt hatte, erzählte Ragi, dass er sich erst für Politik
zu interessieren begann, als der damalige Chef der Internationalen Atomenergiebehörde Mohamed El-Baradei im Dezember 2009 nach Ägypten zurückkehrte
und über den Wandel in Ägypten sprach. Doch an diesen Wandel konnte Ragi nicht wirklich glauben. Auch
als er hörte, eine große Demonstration sei am 25. Januar geplant, sagte er: »Ja und? Die Demonstranten
werden ein bisschen schreien, dann werden sie verprügelt, dann gehen sie nach Hause, und alles bleibt beim
Alten.« Erst als er merkte, dass es sich um eine Volks-
bewegung handelte, ging er am 28. Januar zum Tahrir-
Platz und erlebte dort die Niederlage des Regimes.
Seitdem wollte er den Tahrir nicht mehr verlassen,
auch nach dem Sturz Mubaraks demonstrierte er immer wieder, bis er verhaftet wurde. Auf die Frage, ob
er nun enttäuscht sei, dass die Armee ihn gefoltert hat,
sagte er entschlossen: »Im Gegenteil, das zeigt mir,
dass ich recht hatte. Diese Revolution geht in die richtige Richtung und darf nicht auf halber Strecke anhalten. Am Anfang dachten die Leute, die Armeeleute
seien Engel. Aber diese Aktionen zeigen, dass sie ein
Teil des alten Regimes sind.«

Vielleicht werden Menschen wie Ragi eine Minderheit bei den nächsten Wahlen sein. Die meisten anderen Wähler stecken in einem Dilemma. Bis zum 11. Februar einigten sich die meisten Ägypter auf ein Ziel:
den Sturz des Diktators. Seither ist es schwieriger ge-

worden, sie auf eine Linie zu bringen. Die Revolution hat ihnen eine Stimme gegeben, aber viele wissen noch nicht genau, was sie mit dieser anfangen können. Man kann ihre Stimme nicht nur kaufen, sondern auch leicht manipulieren. Der beste Zugang zu dieser Mehrheit sind ihr Nationalstolz und ihre religiösen Gefühle. Deshalb finden heute Populisten wie der frühere Außenminister oder religiöse Eiferer wie der Jura-Professor Selim al-Awwa große Zustimmung bei den ärmeren Schichten, während Reformer wie Mohamed El-Baradei nur unter gebildeten Schichten beliebt sind.

Aber in 10 bis 20 Jahren – vorausgesetzt, die richtigen Schritte werden politisch wie wirtschaftlich unternommen – werden Menschen wie Ragi nicht nur die typischen Wähler, sondern auch die typischen Kandidaten sein. Die Revolution hat die Macht in Ägypten nicht übernommen, aber sie hat einer Generation eine Stimme verliehen. Diese Generation braucht Zeit, um diese Stimme richtig zu verwenden und in politische Veränderungen umzusetzen. Eine Bewusstseinsrevolution findet bei den jungen Menschen durchaus statt. Davon kann die politische Landschaft im Lande nicht lange verschont bleiben. Vielleicht werden wir den ägyptischen Barack Obama in einigen Jahren erleben. Sollte es ihn tatsächlich geben, dann gehört er ohne Zweifel zur Generation Tahrir.

Jede politische Partei versucht nun, die Jugend zu gewinnen. Sogar radikale Islamisten wie die Anhänger der Dschama'a Islamiyya, die früher in mehrere Terroranschläge im Land verwickelt waren, haben sich von ihrer alten Gewaltrhetorik gelöst, weil diese bei

der Jugend nicht mehr gut ankommt. Alle islamistischen Parteien geben sich jetzt zivile Namen wie »Gerechtigkeit und Freiheit«, »Aufbau und Entwicklung«
und »Renaissance«, weil sie wissen, dass junge Menschen zwar von Predigern in der Moschee gerne Botschaften über Himmel und Hölle hören, aber von Politikern einen Plan zur Entwicklung des Landes und
zur konkreten Verbesserung ihrer Lebenssituation
erwarten. Es gilt als Konsens in Ägypten, dass die
Hauptziele der Politik in den kommenden Jahren Beschäftigung und Wohlstand sein müssen und dass
Rechtsstaatlichkeit und Demokratisierung die beste
Garantie für eine bessere wirtschaftliche Entwicklung
sind.

Was Ägypten braucht, ist eine fortschrittliche Verfassung, welche die Autorität des Präsidenten ein-
schränkt und die friedliche Machtübergabe garantiert.
In Deutschland kam es 1918/1919 zu einer Revolution
gegen die Monarchie, die in eine labile Demokratie
mündete, die wiederum in einer Diktatur endete, weil
Deutschland keine Verfassung hatte, die Hitler hätte
verhindern können. Erst mit der Verfassung von 1949
konnte eine stabile Demokratie in der Bundesrepublik
aufgebaut werden. Parallel dazu entwickelte sich die
deutsche Wirtschaft in einer Weise, welche die Mittelschicht stärkte und mehr Beteiligung der Frauen er-
möglichte. Rechtsstaatlichkeit und eine gesunde Wirtschaft sind auch das, was die meisten Ägypter nun
wollen, und genau das erwarten sie von einer gewähl-
ten Regierung, unabhängig davon, welche ideologische Ausrichtung sie hat.

Deshalb kann die Muslimbruderschaft, sollte sie tatsächlich an die Macht kommen, Ägypten nicht in einen Iran verwandeln, denn Ägypten verfügt nicht über große Erdölreserven, von denen es leben könnte, auch wenn es sich von der Welt abschottet. Ägypten lebt vom Tourismus, vom Sueskanal, von ausländischen Investitionen sowie vom Export von Agrarprodukten. Im Falle einer Islamisierung iranischen Stils würden einige dieser Einnahmen entfallen, andere massiv zurückgehen. Deshalb ist es eher zu erwarten, dass sie nicht den Kurs von Ahmadinedschad, sondern eher den von Erdogan fahren, um die Bevölkerung nicht zu enttäuschen und um die Armee sowie die Amerikaner nicht zu verärgern.

Die Rückkehr des umstrittenen Predigers Yussuf al-Qaradawi nach Kairo eine Woche nach dem Sturz Mubaraks und seine Predigt auf dem Tahrir-Platz verfolgten die westlichen Medien mit großer Aufmerksamkeit. Der ägyptische Khomeini sei zurückgekehrt und würde die Revolution entführen, befürchteten viele. Dass al-Qaradawi in Ägypten nicht besonders beliebt ist, weil er die Diktatoren in den arabischen Ländern kritisiert, aber kaum etwas zu den Herrschern am Golf sagt, wissen die wenigsten. Von dem alten al-Qaradawi hat man seitdem in westlichen Medien kaum noch etwas gehört. Dass er zwei Tage später Ägypten wieder verließ und nach Katar zurückkehrte, wo er sein Geld als Fernsehprediger verdient, interessiert keinen Menschen. Sein Besuch auf dem Tahrir-Platz war eine logische Folge der Befreiung. Der Platz wurde lange als eine Bühne der Freiheit um-

kämpft. Als die Bühne frei wurde, wollte jeder Clown
seine Show abziehen. Nicht nur al-Qaradawi hat auf
dem Platz eine Rede gehalten, sondern alle Oppositionellen, die früher Redeverbot in Ägypten hatten.
Auf dem Tahrir-Platz wurde zum Beispiel am 1. Mai
die Neugründung der Kommunistischen Partei Ägyptens gefeiert, die seit ihrer ersten Gründung vor 90
Jahren verboten war. Einige Meter entfernt rief ein
Muslimbruder: »Gelobt sei Allah.« Ein Kommunist
erwiderte spaßig: »Arbeiter dieser Welt, preist den
Propheten!«

Die Angst vor dem Erstarken der Islamisten ist begründet, doch vom Iran auf Ägypten zu schließen
ist ein Zeichen von Hilflosigkeit sowie mangelnder
Kenntnis beider Staaten. Nicht jeder im Westen hält
die Muslimbrüder freilich für ein Gespenst. Die USA
haben eingesehen, dass an ihnen in Ägypten kein Weg
vorbeiführt, sie sind offiziell mit den dortigen Islamisten in Gespräche eingetreten. Dass es früher auch zu
Gesprächen zwischen beiden kam, ist kein Geheimnis
mehr. Die Amerikaner wollen von den Muslimbrüdern vor allem die Zusicherung, dass Ägypten unter
ihrer Herrschaft keinen Sonderweg im Nahostkonflikt geht. Die Brüder haben mehrfach bekräftigt, dass
sie am Friedensvertrag mit Israel festhalten werden.
Auch die Armee scheint sich nicht an der Perspektive
zu stören, dass die Muslimbrüder eine zentrale Rolle
in der Politik Ägyptens spielen. Sie können der Armee
versichern, dass die Streitkräfte nicht nur mehr Autonomie und Einfluss gewinnen, sondern auch dass die
alten Akten, die eine Verwicklung höherer Generäle in

Geldwäsche oder Waffengeschäfte belegen, nun endgültig vernichtet werden.

Opportunisten wie sie sind, werden die Muslimbrüder dies tun und den Reformer spielen, zumindest so lange, bis sie eine starke Basis aufgebaut und neue Verbündete gefunden haben. Wie zum Beispiel Saudi-Arabien, das eine Zeitlang eine Marionette der Amerikaner war und nun versucht, eigene Akzente in der Region zu setzen. Dies geht nicht aus einem neuen Bewusstsein des reichen Erdölstaats hervor, sondern aus einer Verunsicherung, denn die Umwälzungen in den arabischen Ländern, die nun die Nachbarn Jemen und Bahrain erreicht haben, setzen das Königreich am Golf massiv unter Druck. Deshalb war Saudi-Arabien seit dem Ausbruch dieser Revolutionen ein wesentlicher Bestandteil der Konterrevolution. Geld, Religion und militärische Macht wurden bis jetzt eingesetzt, um die Revolte zu verlangsamen oder gar zu zerschlagen.

Alles begann mit der Aufnahme des geflüchteten tunesischen Präsidenten Ben Ali, der mit seinem Flugzeug in der Luft kreiste, nachdem seine früheren Verbündeten im Westen ihm die Landung verweigert hatten. Als Ben Ali von einem tunesischen Gericht zu 35 Jahren Haft verurteilt wurde, weigerte sich Saudi-Arabien, ihn nach Tunesien auszuliefern. Auch die Gelder und Goldstücke, die er mitnahm, bleiben in Saudi-Arabien. Jemens Diktator Saleh hat in Saudi-Arabien ebenfalls Zuflucht gefunden. Gerne hätten die Saudis den dritten Diktator nun auch noch bei sich, aber Mubarak durfte das Krankenhaus in Scharm

al-Scheich nicht verlassen, da er offiziell unter Arrest
steht. Lange unterstützten die saudischen Medien
Mubarak und stellten die Revolution in Ägypten als
vom Ausland gesteuerte Sabotageaktion dar. Auch die
Geistlichen im Königreich und die von Saudi-Arabien
finanzierten Salafiten in Ägypten bezeichneten die
Revolution als eine Sünde, weil sie die Macht des
Herrschers in Frage stelle, was zu Unruhen und Spal-
tung führen könne. Die Tatsache, dass Mubarak bis
jetzt nicht verurteilt wurde, kann damit erklärt werden, dass die Saudis einen Deal mit dem Militärrat in
Kairo geschlossen haben: Wenn man Mubarak und
seine Frau verschont, wird Saudi-Arabien dafür kräftig Wirtschaftshilfe leisten. Vier Milliarden Dollar
wurden bislang geboten. Das Ergebnis war, dass Mubaraks Frau freigesprochen und Mubarak selbst aus
»Rücksicht auf seine Gesundheit« nicht einmal in Un-
tersuchungshaft genommen wurde. Zu Hause bot der
saudische König eine großzügige Summe von 130 Milliarden Dollar für Wohnkredite, Stipendien und weitere soziale Projekte für junge Menschen an. Auch
religiöse Institutionen wurden mit einer saftigen Mil-
liardensumme bedacht.

Seit dem Jahr 1744 besteht ein Pakt zwischen dem
saudischen Könighaus Al Saud und der fundamenta-
listischen Bewegung der Wahhabiten, die eine Macht-
teilung vorsieht: Das Königshaus herrscht unangefochten, und die Wahhabiten bestimmen die religiöse
Bildung und kontrollieren die Moral auf der Straße.
Der Wahhabismus war die Basis für die Entstehung
der salafitischen Bewegung im 19. Jahrhundert, die

nun weltweit auch mit saudischen Geldern ihre mis-
sionarischen Aktivitäten finanziert. Ihre Ideologie
versucht, die Muslime zu der reinen Lehre des Ur-Is-
lam zurückzuführen und eine Gesellschaft aufzubau-
en, wie sie in Medina im 7. Jahrhundert bestand. Alles,
was unislamisch ist, wird verpönt. Auch andere islamische Richtungen wie der Sufismus oder das Schii-
tentum werden als Häresien angesehen. Äußeres Er-
scheinungsbild der Salafisten sind ein langer, unbe-
rührbarer Bart sowie ein nachthemdartiges weißes
Hemd.

Salafisten überall in der arabischen Welt gelten
heute als der verlängerte Arm der Wahhabiten Saudi-
Arabiens. Obwohl die Salafisten aus ihrer Ideologie
heraus gegen die Revolution waren und sich früher
von der Politik fernhielten, haben sie in Ägypten nun
zwei Parteien gegründet und einen eigenen Präsidentschaftskandidaten aufgestellt. Dadurch werden sie
zwar die Muslimbrüder schwächen, aber womöglich
mit ihnen später koalieren. Dies könnte im Sinne Saudi-Arabiens sein, da Ägypten sich dann kaum zu einer
selbständigen regionalen Macht entwickeln würde, die
den saudischen Interessen in die Quere käme.

Saudi-Arabien hat nicht nur Angst vor der Ausbrei-
tung der Revolution, sondern auch vor einer Demo-
kratisierungswelle in der Region, denn dies könnte
seinen Einfluss in der arabischen Welt und sogar weltweit beeinträchtigen. Jede neue Ideologie, die früher
in der Nachbarschaft viele Anhänger hatte, galt als
Feind der Saudis und wurde von ihnen vehement bekämpft. Das gilt für den Sozialismus wie auch für die

schiitische Herrschaftsideologie des Mullah-Regimes im Iran. Neuerdings ist es die Demokratie.

Deshalb verteilt das Land Geldgeschenke und stützt instabile Staaten in der arabischen Welt. Drei Monate nach Beginn der Revolution zeigte sich Saudi-Arabien bereit, Marokko und Jordanien in den Kooperationsrat der Golfstaaten zu integrieren. In Wirklichkeit ist es nur der Versuch, zwei weitere gefährdete Monarchien zu halten, um den Aufmarsch der Demokratie ein wenig zu bremsen.

Viele Beobachter glaubten lange, Saudi-Arabien sei wegen seines Reichtums und seiner besonderen Lage als Land der heiligen Städte Mekka und Medina immun gegen einen Volksaufstand. Doch die politische, soziale und demographische Situation im Land sei durchaus vergleichbar mit jenen arabischen Staaten, in denen die Revolte begann, schrieb Madawi al-Rasheed im »Foreign Policy Magazine« Ende Februar 2011. Das Land ist in der Tat wohlhabend, kann aber seiner jungen Bevölkerung nicht genügend Arbeitsplätze bieten. Von den vielen Investitionen im Land profitiert nur eine kleine Schicht, die jedoch nicht einheimische Saudis, sondern lieber billige Arbeitskräfte aus Asien beschäftigt. Und so sind 40 Prozent aller Saudis zwischen 20 und 24 arbeitslos. Viele junge Akademiker, die im In- und Ausland studiert haben, finden nach dem Studium keine Anstellung. Diese jungen Menschen hoffen nicht nur auf wirtschaftliche, sondern auch auf politische Erfüllung. Viele von ihnen schämen sich sogar dafür, im 21. Jahrhundert von so einem patriarchalischen Regime regiert zu werden.

Bislang wurden alle Aufrufe, Parteigründungen und Parlamentswahlen zuzulassen, zurückgewiesen. Stattdessen besetzt die königliche Familie die wichtigsten Ämter des Landes; ein Scheinparlament, das vom König eingesetzt wird, segnet die nötigen Entscheidungen ab. Die Jugend und die schiitische Minderheit, die am Persischen Golf dem Iran geographisch und ideologisch nahe ist, werden immer unzufriedener. Jede Form des Protests oder der politischen Betätigung wird brutal niedergeschlagen. Nach dem Erfolg der Revolution in Ägypten gründete eine Gruppe von Aktivisten in Saudi-Arabien die al-Umma-Partei und rief zur politischen Vielfalt im Land auf. Der Antrag wurde vom Regime abgelehnt, einige Gründungsmitglieder wurden verhaftet. Saudischen Aktivisten zufolge sitzen heute über 50 000 politische Gefangene in saudischen Gefängnissen.

Im Namen des Kampfes gegen den Terror und unter Berücksichtigung der Waffengeschäfte und der Erleichterungen, die westliche Investoren im Land haben, wird Saudi-Arabien von westlichen Regierungen nicht als Schurkenstaat, sondern eher als befreundetes Land angesehen. Einige kosmetische Reformen, die das Regime in den letzten Jahren initiierte, wurden von westlichen Politikern als große Schritte bezeichnet.

Der saudische König gründete bei einer Konferenz in Madrid 2008 die Initiative zum interreligiösen Dialog zwischen Muslimen, Christen und Juden weltweit. In seiner epochalen Rede 2009 in Kairo lobte Barak Obama diese Initiative als eine große Tat. Dass der

gleiche König die eigene schiitische Minderheit unterdrückt und dass Christen, die als Gastarbeiter im Königreich leben, weder Gotteshäuser bauen noch eine
Bibel bei sich haben dürfen, verschwieg der amerikanische Präsident. Sein Lob und sein Schweigen erklärten sich einige Monate später. Die USA hatten kurz
vor dem Ausbruch der arabischen Revolution dem
Regime in Saudi-Arabien Waffen im Wert von 60 Milliarden Dollar verkauft. Mitten im Getümmel der
Aufstände verkauft sogar Deutschland, das sich vor
Jahren verpflichtet hatte, keine Waffen in Krisenregio-
nen zu liefern, 200 Kampfpanzer an das gleiche Regime.

Zwei Argumente werden immer zur Rechtfertigung
dieses schizophrenen Verhaltens bemüht: Alle Geschäfte mit Saudi-Arabien sind Teil westlicher Wirt-
schaftsinteressen, und die Waffengeschäfte dienen
dazu, den Nahen Osten zu stabilisieren. Gemeint ist
natürlich: Eine Aufrüstung Saudi-Arabiens kann den
Iran in Schach halten und Israels Existenz sichern.

Dieser Logik folgend, rüstete der Westen vor Jahrzehnten Saddam Hussein auf, um die radikalen Mul-
lahs im Iran zu bekämpfen. Auch Saudi Arabien, das
Angst vor dem wachsenden Einfluss des schiitischen
Regimes in Teheran auf der arabischen Halbinsel hatte, unterstützte Saddam, als er ohne klaren Grund,
aber mit Billigung und Unterstützung der Amerikaner
dem Iran den Krieg erklärte. Was danach kam, wissen
wir alle: Saddam konnte nach zehn Jahren Krieg den
Iran nicht bezwingen, und das Regime in Teheran genoss mehr Sympathie auf der Halbinsel, vor allem un-

ter den schiitischen Minderheiten in Saudi-Arabien, im Jemen und im kleinen Königreich Bahrain, wo über zwei Drittel der Bevölkerung Schiiten sind. Bald richtete Saddam seine Waffen gegen Kuwait und Saudi-Arabien. Die Saudis riefen die Amerikaner zu Hilfe, um den Job zu erledigen. Der Preis war die Dauerstationierung der US-Truppen am Golf und Waffengeschäfte in astronomischen Summen zwischen den USA und allen Golfstaaten.

Dies verärgerte den jungen saudischen Architekten Osama Bin Laden, der zwar mit Unterstützung der Amerikaner jahrelang die Sowjetunion in Afghanistan bekämpft hatte, es aber für ein Sakrileg hielt, dass die US-Soldaten seinen »heiligen Boden« entweihten. Bald richteten sowohl Bin Laden als auch Saddam jene Waffen, die sie vom Westen bekommen hatten, gegen diesen. Die Region, die man angeblich stabilisieren wollte, ist dadurch instabiler denn je geworden. Drei Golfkriege haben fast 1,5 Millionen Menschen das Leben gekostet und konnten weder den Iran schwächen noch den Terrorismus besiegen. Im Gegenteil, der iranische Einfluss ist heute im Irak, im Libanon, in Syrien und auf der arabischen Halbinsel stärker denn je. Nur zwei Gruppen haben weltweit dadurch Wachstum verbuchen können: Terroristen und Waffenhändler.

Die Frage lautet nun: Wann werden sich die saudischen Waffen drehen, und gegen wen werden sie sich zunächst richten? Gegen die eigene Bevölkerung, gegen den Iran oder gegen den Westen? Bislang ließen die Saudis immer andere für sich kämpfen und muss-

ten ihre Waffen nie selbst verwenden, doch in diesem
Frühjahr kam es zu einem Novum. Saudische Spezi-
aleinheiten überquerten die Grenze zu Bahrain und
schlugen die friedlichen Proteste auf dem al-Lu'lu'a-
Platz in Manama nieder. Eine Aktion, die sogar die
amerikanischen Partner überraschte, denn die Saudis
hätten ein derartiges Vorhaben früher nie durchführen
können, ohne ihre Verbündeten davor informiert zu
haben. Der Kauf von 200 deutschen Panzern war ein
weiterer Schritt auf dem Weg zur Abkapselung der
Saudis von ihrem Bündnispartner USA, so sieht es
Rudolph Chimelli in der »Süddeutsche Zeitung«.
Laut Chimelli verhandeln die Saudis seit 2009 mit den
Russen über den Kauf von Anti-Raketen-Systemen,
Kampfflugzeugen und Panzern. Eine weitere Belas-
tungsprobe für die Freundschaft zwischen Saudi-Arabien und Amerika wäre die Ausrufung des palästinensischen Staates.

Die saudische Intervention in Bahrain mag für viele
Beobachter eine kleine bedeutungslose Episode des
turbulenten Jahres 2011 sein. Doch dieser Schritt
könnte der Auftakt zu einem regionalen Krieg sein,
denn die saudischen Panzer verstehe ich nicht nur als
Hilfe für den König von Bahrain, sondern als Zeichen
einer zunehmenden Nervosität im saudischen Königreich. Die arabische Revolution rückt näher an Saudi-
Arabien heran, und der Druck im Inneren des Landes
wächst enorm. Gleichzeitig beobachtet der Iran mit
großer Sorge die Aufrüstung Saudi-Arabiens und aller
weiteren Golfstaaten und versucht mitzuhalten. Doch
dies ist beinahe unmöglich, weshalb dem Regime in

Teheran eigentlich nur noch eine Alternative bleibt: die Atombombe. Die Iraner haben gelernt, dass es sich bei Saddam und Kim Jong Il um zwei Gegner handelte, die den Amerikanern Ärger bereiteten. Den einen konnten die Amerikaner ohne große Mühe erledigen, der andere blieb an der Macht. Den Unterschied machte die nordkoreanische Bombe. Gleichzeitig schaut Israel zu Recht beunruhigt auf die atomaren Ambitionen des Iran und fürchtet um seine Existenz.

Vor einigen Jahren verkündete Ayatollah Khomeini, der Weg nach Jerusalem führe über Bagdad. Dadurch spielte er im Kampf gegen den säkularen Saddam Hussein mit den Gefühlen der muslimischen Bevölkerung in der arabischen Welt und warb um deren Unterstützung. Nach der gleichen Logik spart der iranische Machthaber Ahmadinedschad nicht mit Drohungen in Richtung Israel und unterstützt die Hisbollah im Libanon. Israel, in dem sechs Millionen Juden leben, umgeben von rund 400 Millionen Muslimen, die größtenteils Israel hassen und seine Vernichtung wünschen, kann dies nicht ertragen und erhöht seinerseits den Druck auf die USA, gegen den Iran vorzugehen. Israel, die USA, der Iran und Saudi-Arabien stehen sowohl innen- als auch außenpolitisch massiv unter Spannung. Die Frage ist: Wer wird zuerst die Nerven verlieren und den ersten Schuss abgeben? Sollte es zu einem vierten Golfkrieg kommen, können sich weder Israel noch der Westen heraushalten, denn der Iran wird sich der islamischen Welt als Opfer einer saudisch-westlich-israelischen Verschwörung präsentieren. Und so wie Saddam Hussein während des zweiten Golfkriegs Raketen auf Israel abschoss, obwohl es sich nicht an dem Krieg beteiligt hatte, kann es zu einer ähnlichen »Entlastungsaktion« aus dem Iran kommen, um dem Krieg eine neue Dimension zu geben und die Araber in einen Gewissenskonflikt zu drängen.

Bei Saudi-Arabien und Iran handelt es sich um zwei veraltete Diktaturen, die keine Zukunft haben. Spätestens mit dem Ende des Erdölzeitalters werden beide Systeme, sollten sie sich nicht rasch modernisieren, der Geschichte angehören. Dennoch, oder vielleicht gerade deshalb, bleibt ihr Zerstörungspotenzial groß. Für mich ist Saudi-Arabien die größte Gefahr für den Weltfrieden, denn es besteht aus einer schizophrenen Mischung aus Geld, Sippenkultur, amerikanischer Popkultur, modernen Waffen und einer religiösen Ideologie, die den Rest der Welt für Untermenschen hält. Die Tatsache, dass nicht nur Bin Laden, sondern auch 15 der 19 Attentäter des 11. September 2001 aus Saudi-Arabien stammten, ist nur durch diese explosive Mischung zu erklären.

Also geht die größte Gefahr in der Region nicht von der Muslimbruderschaft oder den Salafisten in Ägypten aus, sondern von der starken Polarisierung zwischen Saudi-Arabien, dem Iran und Israel. Der kleine Nahostkonflikt zwischen Israel und den Palästinensern wird dabei nur eine Nebenrolle spielen. Die zentralen Alternativen für die Zukunft des Nahen Ostens und darüber hinaus der gesamten Welt sind aus meiner Sicht:

- Schaffen es die beiden Diktaturen am Persischen Golf, die Region nachhaltig zu destabilisieren und die Welt sogar in einen dritten Weltkrieg zu stürzen?
- Oder entsteht neben der Türkei eine neue demokratische regionale Macht namens Ägypten, um ein Gegengewicht zu den religiösen Diktaturen zu bilden?

Viele junge Ägypter und Tunesier, die nun stolzer sind als je zuvor, haben das Spiel Saudi-Arabiens durchschaut und stellen sich gegen die finanziellen Hilfen aus dem Golf. Sie wollen auf die saudische Gegenrevolution mit einer Gegenrevolution antworten. So, wie die Saudis die Diktatoren gegen ihre Bevölkerung unterstützt haben, wollen diese jungen Araber die saudische Bevölkerung gegen die Unterdrückung ihres Regimes unterstützen und sie zum Aufstand animieren. Sie vernetzen sich via Internet mit saudischen und sogar mit iranischen Dissidenten und Aktivisten und tauschen sich mit ihnen aus. Sie setzen ihre Hoffnung auf die mutigen Frauen in beiden Ländern, die trotz massiver staatlicher Gewalt weiterhin dafür kämpfen, dass sie eines Tages in Freiheit leben können.

Niemand konnte den Ausbruch der arabischen Revolutionen vorhersehen. Und niemand kann voraussagen, wohin sie nun steuern. Und so, wie alle Revolutionen des europäischen Frühlings von 1848 zunächst viele Rückschläge erleiden mussten, bevor danach irgendwann stabile Demokratien entstehen konnten, werden wir keine lineare Entwicklung in der arabi-

schen Welt erleben, sondern vielmehr ein Hin und
Her über einen längeren Zeitraum. Der innere Kampf
der Kulturen ist nun in der arabischen Welt allgegenwärtig. Die Überreste des kalten Krieges, der religiöse
Fundamentalismus und der Geist der Aufklärung
kämpfen um die Herzen und Köpfe der jungen Menschen in der Region. Manche wollen die Religion in
den demokratischen Prozess integrieren. Ich halte sie
nach wie vor für einen Teil des Problems und nicht für
einen Teil der Lösung.

Dieser Kampf birgt jedoch große Chancen für das
Erwachsenwerden dieser Völker und für die Zukunft
ihrer Beziehungen zu Europa, aber sicher auch Gefahren für den Frieden in der Region und in der Welt insgesamt.

Ein Marshallplan
für die arabische Welt.
Chance und Verantwortung
des Westens

Viele, die dafür plädieren, der Westen solle die arabische Welt auf dem Weg der Demokratisierung finanziell unterstützen, haben bedauerlicherweise keine Ahnung, wer und was unterstützt werden sollte. Oft benutzen sie Floskeln, die sich zwar schön anhören, aber keinen wirklichen Plan beinhalten, wie etwa »Wir müssen den Menschen vor Ort helfen, zivilgesellschaftliche Strukturen aufzubauen«, oder »Wir müssen dort Lehrlinge ausbilden, um die Mittelschicht aufzubauen«. Welche Lehrlinge und welche Strukturen meinen sie genau? Sie verwenden in der Regel drei Methoden, mit denen sie Druck auf die westlichen Politiker ausüben, Gelder zur Verfügung zu stellen: Im Namen des christlichen Gebots der Nächstenliebe versuchen einige Kirchenvertreter, eine Art Almosen für die Unterstützung der »Unterentwickelten« auf der anderen Seite des Mittelmeers zu mobilisieren. Andere, vor allem linke Aktivisten, versuchen, auf die Karte des schlechten Gewissens zu setzen. Der Westen habe die arabische Welt jahrhundertelang kolonialisiert und ausgebeutet und müsse jetzt Wiedergutmachung leisten. Der Westen habe durch skrupellose

Wirtschafts- und Finanzpolitik die Länder des Südens
nicht fair behandelt und sie in ihrer Entwicklung be-
hindert. Der Westen habe die Diktaturen in der arabischen Welt durch Waffen- und Ölgeschäfte gestützt
und die Demokratisierung dadurch nicht begünstigt.
Die Liste der Sünden des Westens gegenüber den »armen« Arabern ist, wenn man will, beliebig lang und
wird oft begleitet von Floskeln wie »in Anbetracht
unserer Geschichte« und »gerade wir als Deutsche«.
Andere, vor allem gebildete Bürger mit Migrations-
hintergrund, versuchen, auch wenn sie das nicht direkt wollen, den Westen zu erpressen: Wenn der Westen nicht sofort Hilfe leistet, kommen die Scharen der
illegalen Einwanderer nach Europa und erobern das
Abendland. Wenn Europa nicht hilft, kommt Al-Qaida und etabliert sich am anderen Ende des Mittelmeers. Sie merken nicht, dass sie dadurch nur die Ar-
gumentationsmuster von Diktatoren wie Mubarak
und Gaddafi wiederholen. Jahrzehntelang herrschten
diese Diktatoren genau mit jenen Argumenten, sie sei-
en eine Festung gegen die Masseneinwanderung und
die bärtigen Gotteskrieger.

Eins steht fest: Die Liste der Sünden und Versäumnisse des Westens ist in der Tat lang. Aber mindestens
genauso lang, wenn nicht sogar länger, ist die Liste der
Sünden und Versäumnisse der Araber selbst. Auch die
Gefahren der Radikalisierung der jungen Araber oder
deren Massenmigration nach Europa, wenn ihre Länder die Kurve nicht kriegen und stabile Wirtschaften
aufbauen, sind nicht bloß haltlose Angstmacherei,
denn es hat in der Geschichte keinen großen Umbruch

gegeben ohne die Begleiterscheinungen von Migration und Extremismus.

Dennoch sollte man sich gerade jetzt von dieser Logik trennen, welche die vorhandene Asymmetrie zwischen den beiden Seiten des Mittelmeers noch mehr zementiert und die bestehende Kluft noch vergrößert. Es hilft niemandem, wenn man eine Seite des Mittelmeers als Subjekt und die andere als Objekt der Geschichte darstellt und wenn jede Seite der anderen die Schuld zuweist.

Außerdem sollte betont werden, dass die Demokratisierung in den arabischen Ländern nicht in erster Linie von den Geldern des Westens abhängt. Man kann so viel Geld in diese Länder pumpen, wie man möchte, doch dieses Geld ist keine Garantie für eine Besserung der Lage. Denn die Entwicklungshilfe, die der Westen an diese Länder in den letzten Jahrzehnten überwiesen hat, hat sie auch nicht in blühende Oasen verwandelt, weil die Strukturen in den Empfängerländern nicht für eine Entwicklung geeignet waren. Deshalb sind nicht Almosen gefragt, sondern Partnerschaftsprojekte, an deren Umsetzung beide Seiten beteiligt werden müssen und von denen beide langfristig profitieren können.

Die einfache Rechnung beginnt mit der Frage: Was hat der Westen, was die arabische Welt nicht hat, und was haben die Araber dem Westen heute zu bieten?

Der Westen hat ausreichend Expertise in der Entwicklung von demokratischen Strukturen, im Aufbau von Parteien und Gewerkschaften; er hat lange Erfahrung in der Ausbildung von Polizisten und technischen Fachkräften; daneben besitzt er technisches und industrielles Know-how, vor allem im zukunftsrelevanten Bereich der Energietechnik.

Was hat die arabische Welt im Gegenzug zu bieten? Junge, ambitionierte, neugierige Menschen, die mit und nach der Revolution ein neues Bewusstsein entwickelt haben. Die Länder Nordafrikas verfügen über jungfräuliche Wirtschaftsbranchen, die hohe Wachstumsraten versprechen. Die arabische Welt hat ausreichend Ressourcen, die für eine gesunde Wirtschaft nötig sind: Sonne, Wind, Zugang zu den Weltmeeren, Bodenschätze. Bringt man die Stärken beider Seiten zusammen, können zahlreiche Kooperationsprojekte entstehen, die jeder Seite hervorragende wirtschaftliche und damit auch soziale Perspektiven eröffnen können.

Nun bleibt die Frage, welche konkreten Projekte können da entstehen, und woher soll das Geld kommen? Schließlich ist Europa mit dem Eurorettungsschirm und der Rettung der vom Bankrott bedrohten Südstaaten der EU finanziell am Limit. Woher soll Europa die Energie und die nötigen finanziellen Ressourcen nehmen, die arabischen Nachbarn wirtschaftlich und gesellschaftlich zu entwickeln? Erstens, gerade weil Europa wirtschaftlich und finanziell am Limit ist, ist der alte Kontinent dazu verdammt, seine wirtschaftlichen Perspektiven zu erweitern und neue Märkte zu erschließen, auf denen noch etwas zu holen ist. Das Geld ist in der Tat ein Problem, aber kein unlösbares. Es gibt zurzeit drei Staaten oder Weltregionen, in denen hohe Liquidität für spontane Großinvestitionen vorhanden ist: Das sind China, Russland und die Golfstaaten. Alle warten nach der Revolution im Frühjahr 2011 ab, bis sich die politische Lage stabilisiert hat, warten darauf, die Chance auf große Investitionen zu ergreifen. Bislang waren die arabischen Investoren mit großen Projekten in den ärmeren arabischen Staaten sehr zögerlich, weil sie davon ausgingen, ihre Gelder wären in Europa und in den USA besser aufgehoben. Doch da viele von ihnen größere Summen in den Sümpfen der virtuellen Finanzwelt des Westens verloren haben, orientieren sie sich jetzt neu und suchen seriöse, produktionsorientierte Investitionen. Sie schraken in der Vergangenheit vor großen Investitionen in Ländern wie Ägypten zurück, weil die wichtigsten Wirtschaftsbranchen von regimenahen Investoren monopolisiert waren. Dies dürfte sich nun ändern. Auch tunesische und ägyptische Investoren, die in beiden Ländern oder im Ausland leben, werden nun ermutigt, nach dem Ende der Diktatur und hoffentlich bald auch der Korruption, ihre Gelder in die Wirtschaft ihrer Heimatländer zu investieren. Was Investoren, egal woher sie kommen, brauchen, ist Berechenbarkeit, Sicherheit und eine stabile Infrastruktur. Letzteres ist in Ägypten und in Tunesien bereits vorhanden. An den beiden anderen Faktoren muss in den nächsten Monaten hart gearbeitet werden.

Auf keinen Fall dürfen Länder wie Tunesien und Ägypten nun neue Schulden beim Internationalen Währungsfonds IWF machen, sonst geraten sie in ein Wirtschaftskorsett, aus dem sie sich langfristig nicht mehr lösen können, denn die Auflagen für neue Schulden können die Entfesselung der Wirtschaft massiv hemmen. Dann werden die beiden Länder dafür bestraft, dass sie eine Revolution wagten.

Die Globalisierungskritikerin und Bestsellerautorin Naomi Klein schrieb auf ihrem Blog am 13. Februar, also zwei Tage nach dem Sturz Mubaraks, einen Artikel »Democracy born in chains«, »In Ketten geborene Demokratie«, in dem sie die Ägypter davor warnte, in der Zeit der Transformation voreilige Entscheidungen über Schulden beim IWF zu treffen, die fatale Konsequenzen für das Land haben könnten. Sie erinnerte an die Erfahrung von Südafrika nach dem Ende der Apartheid. Im Namen der sanften Transition unterzeichnete damals die NRC-Partei von Nelson Mandela Verträge mit dem IWF, die eine zügellose Liberalisierung des Marktes garantierten, was eine soziale Gerechtigkeit im Land bis heute unmöglich macht. Es war der gleiche Fehler, den Sadat in den 1970er Jahren beging und wodurch er eine Zwei-Klassen-Gesellschaft schuf, in der ein Prozent der Bevölkerung über 80 Prozent des Vermögens verfügt. Auch Mubarak startete Anfang des neuen Millenniums eine Welle der Privatisierung, welche die Wirtschaft des Landes beinahe ruinierte. Staatliche Firmen und Fabriken, die eigentlich gut funktionierten und Gewinne machten, wurden an private Investoren für lächerliche Summen verkauft. Die Investoren haben diese Fabriken oft nicht weiterentwickelt, sondern geschlossen, die Mitarbeiter entlassen und das Gelände als Grundstück für höhere Summen an andere Investoren verkauft. Offiziell nannte sich das Ganze »Liberalisierung des

Marktes«, in Wirklichkeit ging es nur um die Berei-
cherung von Mubarak und seiner Elite, die für milliar-
denschwere Kommissionszahlungen das Vermögen
des Landes veruntreut haben. Leidtragende sind die
Arbeiter und deren Familien.

Der einzige, wenn auch bedeutende finanzielle Beitrag, den westliche Staaten leisten können, ist ein
Schuldenerlass für Ägypten und Tunesien, um Investitionen in die Zukunft zu ermöglichen, oder aber
zumindest eine Stundung der hohen Zinsen, die für
beide Länder eine enorme Belastung darstellen. Außerdem können westliche Regierungen und Geldinstitutionen größere Transparenz zeigen, um die geheimen Konten von Mubarak, Ben Ali, Gaddafi und
Saleh offenzulegen, damit die von ihnen gestohlenen
Milliarden zurück nach Ägypten, Tunesien, Libyen
und in den Jemen überwiesen werden können, wo sie
bitter benötigt werden. Und schließlich können sich
die westlichen Staaten mit Eigenkapital an Investitionen in den arabischen Ländern beteiligen und Investoren aus den Golfstaaten mit einbeziehen, vorausgesetzt, diese werden nicht vom saudischen Regime gesteuert.

Unter einem Marshallplan für die nicht-diktatorisch
regierten arabischen Staaten verstehe ich einen auf Basis gemeinsamer Interessen aufgestellten Masterplan
vor allem für die wirtschaftliche Entwicklung. Beginn-
nen könnte man mit Tunesien und Ägypten, wo junge
Menschen nach der Revolution darauf brennen, in nationale Entwicklungsprojekte einbezogen zu werden,

und wo eine stabile Wirtschaft notwendig ist, um demokratische Strukturen zu bilden.

Folgende Kooperationsfelder zwischen den beiden Ländern und Europa sind aus meiner Sicht die wichtigsten:

Sicherheit

In Ägypten stützte Mubarak sein Regime mit einem Polizeiapparat von 1,4 Millionen Mitarbeitern. Die Polizisten waren nicht geschult, mit den Bürgern als freie Menschen umzugehen, denn sie sahen ihre Aufgabe nicht im Schutz der Bevölkerung, sondern im Schutz des Regimes und seiner Einrichtungen vor dieser Bevölkerung. Im viel kleineren Tunesien benötigte Ben Ali 600 000 Polizisten für die Sicherung seiner Macht. Hinzu kommen Staatssicherheitsapparate, welche die Bevölkerung in den vergangenen Jahrzehnten in allen Bereichen des Lebens bespitzelt haben. Nachdem die Demonstranten in beiden Ländern die Polizei in die Knie zwangen, die Polizeistationen verwüsteten und das Hauptquartier der Staatssicherheit stürmten, kam es zu einer erheblichen Schwächung dieser Apparate. Die Behörde der Staatssicherheit wurde dadurch voreilig aufgelöst, ohne über die Zukunft der damaligen Mitarbeiter nachzudenken, die alle Geheimnisse des Landes und seiner Bürger kennen. Einige Offiziere dieses Apparats sind deshalb ein nicht zu unterschätzendes Element in der Konterrevolution, die nun die Stabilität der beiden Länder stark gefährdet.

Viele der ehemaligen oder sich noch im Amt befindlichen Staatssicherheitsmitarbeiter fürchten nun, allzu oft zu Recht, die juristische Verfolgung und setzen deshalb auf das Chaos. Sie sind erfahren in der Verbreitung von Gerüchten und in der Mobilisierung von Kriminellen, um so die Entstehung einer Demokratie zu verhindern. Auch viele Mitarbeiter der regulären Polizei haben keine Motivation, ihre Arbeit wieder ordentlich aufzunehmen, denn ihnen fehlt nun die Autorität, mit der sie in der Vergangenheit die Straßen im Griff hatten. Ein tragischer Fall in Ägypten zeigt, dass es sehr schwierig sein wird, ein Vertrauensverhältnis zwischen Polizei und Bevölkerung wiederherzustellen. Ein Polizist ignorierte im Juni 2011 die lange Schlange vor einer Bäckerei in Alexandria und wollte wie üblich als Erster bedient werden. Der Bäcker lehnte ab und sagte: »Das war vor der Revolution. Jetzt sind alle Bürger gleich.« Der Polizist wollte das nicht einsehen und beschimpfte den Bäcker. Es kam zu einer Schlägerei, an deren Ende der Polizist den Bäcker erschoss. Der Polizist wurde daraufhin von den übrigen Brotkäufern beinahe gelyncht. Zwei weitere Polizisten wurden im Nildelta von Bürgern zu Tode geprügelt, weil sie Bürger misshandelt hatten. Viele Polizisten haben deshalb Angst, sich wieder öffentlich zu zeigen.

Zahlreiche Bürger beschwerten sich, dass sie nicht ernst genommen werden, wenn sie eine Anzeige bei der Polizei erstatten, nachdem sie auf offener Straße bestohlen oder geschlagen worden seien. Ironisch hätten sie die unmotivierten Polizisten aufgefordert: »Lasst die Revolution euch eure Sachen zurückbringen.« Und so kam es monatelang zu einem Sicherheitsvakuum, so dass Kriminelle, ob von den Anhängern des alten Regimes angeheuert oder eigenständig agierend, die Straßen unsicher machten. Bei der ersten Konfrontation zwischen Polizei und Demonstranten in Kairo kam es am 28. Juni 2011 zu einer quasi Racheaktion der Staatsdiener. Gegen 4000 Demonstranten wurden 3000 Polizisten eingesetzt, unterstützt von Schlägerbanden. Sie bewarfen die Protestierenden, die lediglich für ein Gerichtsverfahren gegen Polizisten, die auf Demonstranten geschossen hatten, demonstrierten, mit Steinen, Tränengas und Molotowcocktails. Ergebnis: zwei Tote und mehrere hundert zum Teil schwerverletzte Demonstranten.

In Tunesien unternahm die Übergangsregierung Anfang Juli einen Schritt Richtung Modernisierung der Polizei, indem der frühere Menschenrechtsaktivist Alazher Alakremi das Amt des stellvertretenden Innenministers übernahm. Ein ähnlicher Schritt in Ägypten ist kaum vorstellbar, da der Innenminister bisher traditionell ein General sein musste, der enge Kontakte zum Staatssicherheitsapparat unterhält.

Eine positive wirtschaftliche und politische Entwicklung ist aber ohne die Wiederherstellung der Sicherheit unmöglich. Dafür bedarf es einer Versöhnung und einer Umstrukturierung oder Umschulung der Sicherheitskräfte. Hier kommt auf Europa, vor allem auf Deutschland, eine wichtige Rolle zu. In der Ausbildung und Umschulung der Polizei hat Deutschland auch in arabischen Ländern und in Afghanistan Erfahrungen sammeln können, die für Ägypten und Tunesien nützlich sind. Auch in der Aufarbeitung der Stasi-Akten und in der Rehabilitierung ehemaliger Mitarbeiter der Staatssicherheit kann man in den beiden Ländern von der deutschen Erfahrung profitieren.

Parteigründung und Wahlen

Die europäischen Politiker sollten sich in der Übergangsphase politisch zurückhalten und keine Empfehlungen abgeben, auch keine Präferenzen zeigen, denn eine öffentliche Unterstützung eines bestimmten Lagers durch den Westen würde von den konservativen und radikalen Kräften als Argument gegen dieses Lager verwendet werden. Doch bei der Gründung von neuen Parteien können vor allem die europäischen politischen Stiftungen, die in der Region tätig sind, die Politiker beraten und ggf. auch finanziell unterstützen. Auch um Transparenz zu garantieren, können erfahrene Beobachter aus Europa den Wahlprozess begleiten. Sollten die Wahlen ein Ergebnis hervorbringen, mit dem der Westen unglücklich wäre, wie etwa einen Sieg der Muslimbrüder in Ägypten oder der Partei der islamischen Renaissance in Tunesien, sollte auf dem alten Kontinent keine Panik ausbrechen. Man sollte nicht mit dem Einfrieren der Gelder und dem Abbruch der Beziehungen reagieren, wie auf den Sieg der Hamas bei den palästinischen Wahlen 2006, sonst führt dies zu einer weiteren Polarisierung und Radikalisierung. Politische Stiftungen können stattdessen Programme und Kurse entwickeln für die Etablierung des demokratischen Bewusstseins und die Unterstützung von Initiativen junger Menschen zur Stärkung der Zivilgesellschaft. Im Moment sehen wir zwar eine Flut von Geldern und NGOs in der Region, aber diese könnten im Moment junge Menschen in Ägypten und Tunesien ablenken, denn sie halten sie von der politischen Arbeit zurück, indem sie sie mit kulturellen Projekten beschäftigen, die zwar notwendig sind, aber zu diesem Zeitpunkt keine Priorität besitzen.

Bildung und Ausbildung

Ägyptens Achillesferse ist die Bildung. Seit Jahren wird ein ineffektives Bildungssystem gepflegt, das auf Auswendiglernen statt auf freies Denken setzt. Das geringe Budget, das für die Bildung vorgesehen ist, wird hauptsächlich für die Gehälter von Lehrern und Mitarbeitern ausgegeben, von dem diese nicht einmal anständig leben können. Unmotivierte, schlecht ausgebildete Lehrer sind neben dem Lehrplan ein wesentliches Problem des Schulsystems. Eine Kooperation mit den europäischen Bildungsexperten und Instituten sollte Lehrerausbildung, Lehrplanreform und die Modernisierung der Unterrichtsmethoden zum Ziel haben. Dies könnte die Erziehung zum Hass auf den

Westen beenden und den Schülern neue, realitätsnahe Weltbilder näherbringen. Relativ gut bezahlte und gut ausgebildete Lehrer, die moderne Lehrinhalte unterrichten, können den Schülern praxisorientiertes Wissen vermitteln, das sie beim Umbau der Gesellschaft und des Landes benötigen. Hier können erfahrene internationale Organisationen wie die UNESCO und das Institut für internationale Schulbuchforschung in Braunschweig Partnerschaftsprojekte initiieren, sowohl zur Reform der falschen Geschichtsbilder als auch zur Entwicklung von zeitgemäßen Curricula und Unterrichtstechniken. Diese Projekte sollten über die Schiene der Forschung laufen und nicht als politische Intervention. Denn die Verschwörungstheorie, dass der Westen die Lehrpläne manipulieren wolle, um der arabischen Jugend eine Gehirnwäsche zu verpassen, ist allgegenwärtig.

Die unterentwickelte Forschung in der arabischen Welt bedarf massiver Unterstützung. Vor zwölf Jahren kehrte Professor Ahmed Zewail, nachdem er 1999 mit dem Nobelpreis für Chemie ausgezeichnet worden war, nach Ägypten zurück und wollte etwas für seine Heimat tun. Er kam als Professor aus den USA, wo sich fast seine gesamte wissenschaftliche Karriere vollzogen hatte, und wollte in seinem Heimatland Ägypten eine Wissensrevolution entfesseln. Er wurde von Mubarak geehrt, und die Verantwortlichen ließen sich gern mit ihm fotografieren. Doch als er sein Vorhaben zur Eröffnung eines wissenschaftlichen Exzellenzzentrums in Ägypten offenlegte, ging man auf Distanz zu ihm, denn Zewail wollte, dass sein Zentrum

unabhängig vom Staat existiere, damit sich freie Forschung entfalten könne. Seitdem kämpft der Wissen-
schaftler gegen bürokratische Mühlen und politische
Tricks, die ihm die Arbeit erschweren. Sein Zentrum
blieb lange nur die Idee eines Visionärs, der an den Be-
tonköpfen der Macht zu zerbrechen drohte. Erst nach
der Revolution zeigte sich die neue Regierung an dem
Projekt interessiert. Doch nun fehlt es an Geld, um
das Projekt in vollem Umfang umzusetzen.

Auch die technische Ausbildung darf nicht wie
bislang vernachlässigt werden. Eine gesunde Mittelschicht in Tunesien und Ägypten wächst nur mit gut
ausgebildeten Facharbeitern. Was eine aktive Wirtschaftshilfe oder auch die Bereitstellung und Etablierung eines Marshallplans betrifft, so muss ein Haupt-
augenmerk auf der Ausbildung junger Ägypter und
Tunesier liegen. Nach dem Besuch von Helmut Kohl
in Ägypten im Jahre 1991 wurde eine Berufsschule
westlich von Kairo mit dem Namen »Mubarak/Kohl«
eröffnet und ist bis heute sehr erfolgreich. Dort werden junge Ägypter in Elektrotechnik, Maschinenbau,
Drucktechnik, Textiltechnik und auf weiteren Gebieten unterrichtet. Erfolgreich ist die Ausbildungsstätte,
weil sie nicht nur über eine gute Infrastruktur und gut
ausgebildete Lehrer verfügt, sondern auch weil die
Schüler ihr Wissen sofort in die Tat umsetzen können,
da die Schule mit dem privaten Sektor gut vernetzt ist,
der weitere Ausbildung und spätere Beschäftigung in
den Unternehmen garantiert. Die Entstehung weiterer
Schulen wie »Mubarak/Kohl« (nun übrigens umbe-
nannt in »Center for human resources and service de-

velopment«) durch neue Investitionen in der Region stellt einen wesentlichen Beitrag zur Stabilisierung der arabischen Länder dar.

Dies ist zwar keine kurzfristige Angelegenheit, aber nur hier kann der Erfolg des Umdenkens und der möglichen Neuausrichtung liegen. Die Gründung neuer Schulen und Bildungsstätten und die entsprechende Ausbildung der Lehrkräfte nach dem deutschen und schweizerischen Modell ist ein guter Anfang. Dazu gehören auch die Verbesserung der Personalführung und die Weiterbildung von Mitarbeitern in den Unternehmen. Viele erfolgreiche einheimische Firmen und Unternehmen werden das Patriarchat der Firmenbosse ablegen und ein Management sowie Führungsstrukturen etablieren. Insider nennen das die Schaffung von »corporate structures«, oder wie es in der US-Wirtschaft heißt, »Ownership«. Das bedeutet, dass Qualität und Effektivität belohnt werden und nicht Seniorität und Beziehungen. Das motiviert die Arbeiter und lässt sie mit ihrem Unternehmen umgehen, als wäre es ihr eigenes Vermögen.

All dies hat das Ziel, die Selbstverantwortung zu verbessern. Erhöhung der Effizienz ist nicht Ziel des Unternehmers alleine, sondern auch des Arbeitnehmers, was zur Verbesserung der Produktivität führt. Eine neue Arbeitsmentalität kann dadurch entstehen.

Investitionen

Es gibt kaum eine Region, in der so viel Spielraum für Investitionen vorhanden ist wie im arabischen Raum. Das liegt daran, dass viele Branchen noch unterentwickelt sind, was hohe Wachstumsraten verspricht. Auch die chinesischen Investoren, die sonst überall in Afrika aktiv sind, blieben bislang Nordafrika gegenüber auf Distanz. Für China stellt die Region bis heute lediglich einen riesigen Absatzmarkt dar.

Westliche Länder, die Ägypten und Tunesien die Schulden oder deren Zinsen erlassen, könnten im Gegenzug auf Erleichterungen für ihre Investitionen in beiden Ländern hoffen. In der Tourismusbranche bieten beide Länder jenseits der schönen Strände zahlreiche Möglichkeiten des Wachstums. Ägypten besuchen jährlich nur zwölf Millionen Touristen, weil nicht genug Hotels vorhanden sind. Trotzdem ist eine Übernachtung in Ägypten im internationalen Vergleich die viertbilligste weltweit. Das Land verfügt über 2000 Kilometer Strände am Mittel- und am Roten Meer. Nur ein Bruchteil davon ist bebaut. Bei einer effektiven, umweltfreundlichen Infrastruktur kann der Bade- und Kur-Tourismus noch um 150 Prozent wachsen. Dafür wird neue Technik zur Entsalzung des Meerwassers benötigt, die in Europa bereits vorhanden ist.

Auch die Autoindustrie findet in Ägypten und Tunesien einen wachsenden Markt und attraktive Produktionsstandorte. Rohstoffe sind vorhanden, die Arbeitskräfte günstig, sie müssten nach deutschen Standards ausgebildet werden.

Der Sueskanal bietet sich ebenfalls als lohnende Investition an. Bis jetzt bietet Ägypten den Schiffen, die durch den Kanal fahren, kaum Service. Lukrativ wären etwa Angebote zur Lagerung von Gütern und zur technischen Wartung der Schiffe.

Ein ägyptisches Mammutprojekt, das seit mehreren Jahren auf seine Finanzierung wartet, ist die Erschaffung eines neuen blühenden Tals in der Wüste westlich des Niltals. Pläne sehen eine gigantische unterirdische Röhre vor, die vom Nasser-Stausee im Süden über 1000 Kilometer bis zum Mittelmeer reichen soll. Auch dieses Projekt wurde durch einen Exilägypter, den in den USA lebenden Geologen Farouk El-Baz, bereits vor 24 Jahren vorgeschlagen und von Mubarak nicht beachtet. Durch das gewaltige Projekt sollten sowohl neue urbane Zentren als auch Agrarzentren entstehen. Nach der Revolution ist dieses Projekt nicht mehr nur der Traum eines Exilägypters, sondern eine Möglichkeit zur Lösung der Nahrungskrise des Landes wie auch zur Schaffung von Beschäftigungsprogrammen. Aber auch jenseits dieses Projekts benötigt Ägypten Investitionen im Bereich der Agrar- und Bewässerungstechnologie.

Umweltforschung und Umweltschutz

Die rückständige Forschung in der arabischen Welt und die Abhängigkeit vom Erdöl als Haupteinkommensquelle hinderte die arabischen Staaten daran, die

Auswirkungen der Erderwärmung frühzeitig zu erkennen und Schritte zu unternehmen, um den dramatischen Entwicklungen entgegenwirken zu können.
Obwohl die Region zu den sonnenreichsten der Erde
gehört, spielen dort Solar- und andere erneuerbare
Energien kaum eine Rolle. Der kontinuierliche Abbau
von Grünflächen, aber auch die natürliche Erosion
und das unaufhaltsame Wachstum der Wüste stört das
Ökosystem massiv.

Jahrelang galt Klimaforschung in den arabischen
Staaten als Luxus, den sich nur der reiche Westen leisten kann. Kurz vor dem letzten Klimagipfel in Kopenhagen, Anfang 2010, erschien dann doch die erste
ernstzunehmende arabische Studie zur Klimaverände-
rung im Nahen Osten. Sollten die Verfasser der Studie
recht behalten, stehen der Region dürre Jahre bevor.
Die Studie des arabischen Forums für Umweltforschung und Entwicklung (AFED), das seinen Sitz in
Beirut hat, geht davon aus, dass im Zuge der Wasser-
knappheit große Teile des fruchtbaren Halbmondes
vom Libanon bis zum Irak bis zum Ende dieses Jahr-
tausends verschwinden werden. Die Ergebnisse dieser
Studie sagen der gesamten Region kurz- bis mittelfris-
tig eine düstere Zukunft voraus. Heute besitzen die
arabischen Staaten zehn Prozent der weltweiten
Agrarflächen, verfügen jedoch nur über weniger als
ein Prozent der Süßwasservorräte. Und diese werden
bis 2050 deutlich schrumpfen.

Als Ergebnis der Erderwärmung soll auch der Mee-
resspiegel bis zum Ende des 21. Jahrhunderts so stark
ansteigen, dass große Teile der Küstengebiete der Ver-

einigten Arabischen Emirate, Kuwaits und Katars betroffen sein werden. Auch 12 bis 50 Prozent des ägyptischen Nildeltas sollen dadurch für den Ackerbau
untauglich werden, was fatale Konsequenzen für die
ägyptische Wirtschaft haben wird. Die Verfasser der
Studie befürchten einen deutlichen Rückgang der Le-
bensmittelproduktion in der gesamten arabischen Region.

Alle diese Faktoren erfordern eine rasche Kooperation zwischen der arabischen Welt und Europa, nicht
nur in der Umweltforschung, sondern auch in der
Entwicklung von umweltfreundlichen Projekten, vor
allem aber im Bereich der erneuerbaren Energien. Eines dieser Projekte ist gerade in der Entstehung begriffen, auch wenn viele Skeptiker es für eine undurch-
führbare Vision halten.

Erneuerbare Energien

Sowohl Europa als auch die Staaten des Nahen Ostens
und Nordafrikas werden sich in absehbarer Zeit vom
Erdöl und anderen fossilen Energiequellen lösen müssen. Gleichzeitig wächst auf beiden Seiten der Ener-
giebedarf. Gerade auf dem Weg wirtschaftlicher Umstrukturierung und zunehmender Industrialisierung
werden die arabischen Länder doppelt so viel Energie
benötigen wie heute. Ägypten, das auf Erdöl, Erdgas
und Elektrizität aus den Turbinen des Assuan-Damms
angewiesen ist, will auf Atomenergie umsteigen und

entwickelt bereits Pläne für das erste Kraftwerk außerhalb Kairos. Abgesehen davon, dass die Sicherheitsstandards in Ägypten zu wünschen übriglassen, verfügt Ägypten über windstarke Regionen am Roten Meer und sonnenstarke Küsten am Mittelmeer, die zur Entwicklung von Wind- und Solar-Energien bestens geeignet sind. Tunesien, das fast über keine eigene Energiequellen verfügt, kann ebenfalls von der neuen Solar-Technik profitieren.

Die Stiftung Desertec knüpfte über die letzten Jahre hinweg ein Netz aus Politikern, Forschern und Energiekonzernen, um Pläne zur Erzeugung von Sonnenenergie durch Solarkraftwerke in Nordafrika in die Tat umzusetzen. Durch große Leitungen soll der Strom nach Europa transportiert werden, bereits vorhandene Kraftwerke würden weiterhin bereitstehen, um durch einen Energiemix eine lückenlose Energieversorgung zu garantieren. Dabei werden alle Sorten von erneuerbarer Energie genutzt, um unabhängig von den Launen der Natur zu sein. Nur ein Teil der gewonnenen Energie, etwa 20 Prozent, sind für den Export nach Europa vorgesehen, 15 Prozent werden für die Meerwasserentsalzung benötigt. Der Rest ist für den Eigenbedarf der Länder Nordafrikas vorgesehen. Die riesigen Solaranlagen sollten an den Mittelmeerküsten von Ägypten, Tunesien und Marokko installiert werden. Die Leitungen sollen von Marokko über die Meerenge von Gibraltar nach Spanien, von Tunesien über das Meer nach Sizilien und von Ägypten über den Landweg nach Jordanien, in die Türkei und von dort aus nach Europa gelegt werden. Kritiker

werfen dem Projekt vor, Europa wieder von Energiequellen außerhalb des Kontinents abhängig zu machen und die Dezentralisierung der Energieerzeugung
durch Photovoltaik zu hemmen. Doch Europa wird
nur 15 Prozent des eigenen Energiebedarfs aus der gewonnenen Energie in Nordafrika decken können.
30 Prozent werden aktuell durch Erdgas aus Russland
gedeckt. Von den russischen Energielieferungen wäre
der Westen ohnehin gerne weniger abhängig.

Ein weiterer Kritikpunkt ist, dass die nötigen Mate-
rialien für das Projekt, vor allem Glas und Kupfer,
knapp sind. Laut Berechnung von Desertec muss die
Weltproduktion von Glas lediglich um 0,4 Prozent ge-
steigert werden. In Ägypten zum Beispiel könnte das
eine Wachstumsbranche sein, da die Weiße Wüste
Ägyptens überwiegend aus einem für die Glasherstel-
lung nötigen Sand besteht. Auch auf der Halbinsel Si-
nai befinden sich Unmengen von Sand, der für diese
Produktion bestens geeignet ist. Die seit Jahren ge-
schlossenen Kupferminen in Ägypten könnten dafür
wieder geöffnet werden. Die Arbeitsplätze, die direkt
oder indirekt mit diesem Projekt zusammenhängen,
werden für die jungen Menschen in Nordafrika, aber
auch für viele Europäer ein Segen sein. Die Desertec
Stiftung gründete zudem im Oktober 2010 in Tunesien
das »Desertec University Network« mit 18 arabischen
und europäischen Universitäten, um die Energiefor-
schung voranzutreiben.

Ich bin kein Energieforscher und auch kein Ökonom
und kann die für dieses Projekt notwendigen finanzi-

ellen und technischen Rahmenbedingungen nicht ab-
schätzen. Auch fürchte ich, dass am Ende nur europäische Energieriesen davon profitieren werden. Doch
was mich am meisten am Desertec-Projekt fasziniert,
ist die Metapher. Die Vorstellung, dass beide Seiten
des Mittelmeers vernetzt werden, dass zwischen beiden Seiten Energie fließt und Menschen Arbeit finden,
gibt mir eine vage Hoffnung, dass das, was Politik und
Kultur nicht schafften, durch die Wirtschaft realisiert
werden kann. Sicher handelt es sich hier um eine Vision, aber so begannen schließlich die meisten großen
Projekte der Menschheitsgeschichte. Solche Visionen
braucht das Mittelmeer auf beiden Seiten, denn was
wäre die Alternative? Dass beide Seiten sich voneinan-
der abkapseln und sich um den eigenen Kram kümmern? In Zeiten, in denen China und Indien miteinander wirtschaftliche Allianzen eingehen, während Europa sehr stark mit sich selbst beschäftigt ist und die
USA mit dem eigenen alternden Imperium hadern, ist
der Westen auf neue Verbündete angewiesen. Jahrzehntelang galt die arabische Welt als die Region, die
Energie, Terror und Migranten nach Europa expor-
tiert. Aus arabischer Sicht waren die Produkte, die aus
dem Westen kamen, technische Geräte, Waffen und
Dekadenz. Eine intensivere wirtschaftliche Interde-
pendenz, bei der mehr Menschen direkt miteinander
kommunizieren, wird dazu beitragen, dass diese ge-
genseitige Wahrnehmung zurechtgerückt wird. Denn
»der Europäer« wird »den Araber« nicht nur als
Flüchtling oder als Problemmigrant und »der Araber«
»den Europäer« nicht lediglich als Tourist wahrneh-

men, auf dessen Trinkgeld er angewiesen ist, sondern als gleichberechtigten Arbeitskollegen und Mitmenschen.

Sollte es zu einer positiven wirtschaftlichen Entwicklung in Tunesien und Ägypten kommen, werden andere unterdrückte Bevölkerungen in anderen arabischen Staaten und darüber hinaus sehen, dass sich Freiheit lohnt – und dementsprechend mehr für ihre Befreiung tun. Wenn eine gesunde Mittelschicht in beiden Ländern entstehen würde, wäre sie automatisch eine Erweiterung des europäischen Markts. Tunesien und Ägypten können darüber hinaus das Tor Europas zum vergessenen Kontinent Afrika öffnen, auf dem China gerade zwar viel unternimmt, sich um die Ausbildung der Menschen dort allerdings wenig oder gar nicht kümmert.

Der Kampf der Kulturen wird nicht durch den interreligiösen Dialog beseitigt werden, sondern durch die Entstehung von Projekten, von denen beide Seiten profitieren werden. Doch im Fall Europas und der arabischen Welt kann es auch anders kommen. Wenn die arabischen Staaten sich nicht neu erfinden können und wirtschaftliche Strukturen schaffen, um der Bevölkerungsexplosion und dem Klimawandel entgegenzuwirken, kann es zur Eskalation von Konflikten kommen, von denen Europa nicht verschont bleiben wird. Diese Option habe ich ausführlich in meinem letzten Buch diskutiert, in dem ich einen Zerfall der islamischen Welt, der mit den arabischen Staaten beginnt, prognostiziert habe. Jetzt will ich hoffen, dass die Menschen, entgegen all dem, was wir aus der Geschichte gelernt haben, einmal vor der Katastrophe einsichtig werden und ihrer Einsicht entsprechend handeln. Und nicht erst im Nachhinein, um deren Spuren zu beseitigen. Dafür bedarf es eines Tahrir-Platzes in vielen arabischen und europäischen Köpfen. Entweder kommt die kopernikanische Wende oder die Revolution im Sinne von Kopernikus. Noch kann jeder sich selbst helfen. Noch kann man handeln. Es ist an uns, von diesem Luxus Gebrauch zu machen.

Dank

Dank an Stefan Ulrich Meyer, Alexander Simon und Connie Minami Hansen für ihre unermüdliche Unterstützung und Geduld

Hamed Abdel-Samad

Mein Abschied vom Himmel

Aus dem Leben eines Muslims in Deutschland

Streng religiös erzogen, schließt sich Hamed Abdel-Samad als Student der radikalen Muslimbruderschaft an. Doch dort findet er keine Antworten auf seine Fragen. Da beschließt er, nach Deutschland zu gehen, in der Hoffnung, sich endlich kritisch mit dem Islam auseinandersetzen zu können.

»Eine erstaunliche Biografie, so verschlungen, dass man zuerst an einen Abenteuerroman glauben möchte, eine arabische Ausgabe von Felix Krull. Aber Hamed Abdel-Samad ist kein Literat und auch kein Hochstapler, er hat nur aufgeschrieben, was er erlebt hat.«

Der Spiegel

»Hamed Abdel-Samad spricht offen und schonungslos und klammert dabei seine eigene Person nicht aus. Eine wichtige Lektüre, die Einblick gibt in eine fremde und abgeschottete Welt. Der Autor besticht vor allem durch seine analytische Fähigkeit, in der er immer wieder der ägyptischen wie auch der deutschen Gesellschaft den Spiegel der Kritik vorhält.«

Deutschlandradio Kultur

Knaur Taschenbuch Verlag